U0006308

路易斯棋的狂戰士棋。

魔狼芬里爾吞下奧丁，維京時代曼島的索爾瓦德十字架。

THE

西方四大神話 1

A GUIDE TO THE GODS AND HEROES

冰與火之

北歐神話

NORSE

卡洛琳 • 拉靈頓

CAROLYNE LARRINGTON

管昕玥 譯

MYTHS

作者的話

我要感謝提姆·伯恩斯（Tim Bourns），因為他提供了許多有用的建議。此書獻給四位朋友，他們多次帶我踏上北歐之旅，陪我周遊各地，如同埃達詩歌中所言：「好朋友總近在身旁，哪怕他住得天涯遠，道路筆直好似近鄰。」

目次

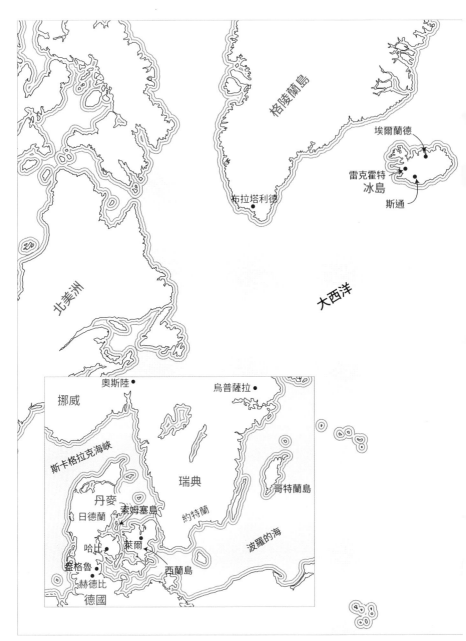

格陵蘭島

埃爾蘭德

雷克霍特

冰島

斯通

布拉塔利德

北美洲

大西洋

奧斯陸

烏普薩拉

挪威

斯卡格拉克海峽

瑞典

高特蘭島

丹麥

索姆塞島

日德蘭

約特蘭

波羅的海

哈比

萊爾

盎格魯

西蘭島

赫德比

德國

使用古諾斯語的族裔分布廣泛，定居於不列顛、諾曼第、冰島、格陵蘭島和北美洲各地，
也曾移居俄羅斯，並效力於君士坦丁堡的皇帝衛隊。

哈洛加蘭

拉普蘭

赫拉夫尼斯塔島

法羅群島

昔德蘭群島

卑根

奧斯陸

烏普薩拉

哥特蘭島

芬蘭

挪威

瑞典

俄羅斯

柯克安德斯
曼島

奧克尼群島

諾森布利亞

北海

波羅的海

英格蘭

倫敦

萊茵河

德國

沃爾姆斯

奧地利

見左下格放大地圖

丹麥

都柏林

愛爾蘭

諾曼第

羅馬

黑海

裏海

君士坦丁堡

地中海

瑟克蘭

瑟克蘭

尼羅河

非洲

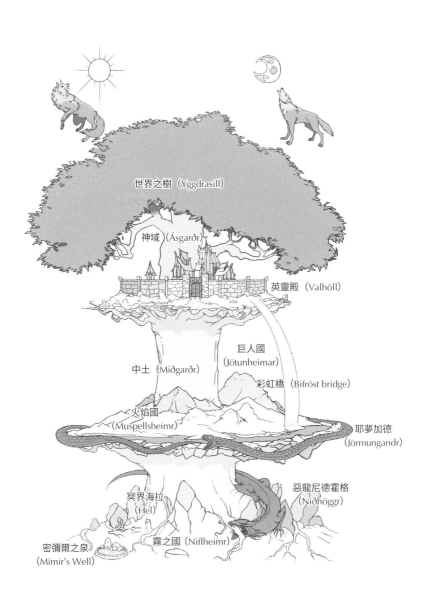

世界之樹（Yggdrasill）

神域（Ásgarðr）

英靈殿（Valhöll）

巨人國（Jötunheimar）

中土（Miðgarðr）

彩虹橋（Bifröst bridge）

火焰國（Muspellsheimr）

耶夢加德（Jörmungandr）

惡龍尼德霍格（Niðhöggr）

冥界海拉（Hel）

密彌爾之泉（Mímir's Well）

霧之國（Niflheimr）

北歐神話中的宇宙。

前言

起源與傳承 ✕

奧丁（Óðinn）是一個非凡之人，他智慧卓絕，建立豐功偉績。他的妻子名叫弗麗吉達（Frigida），人們又稱她為弗麗嘉（Frigg）。奧丁具有預知之能，弗麗嘉也是位女先知；奧丁透過預測未來的能力，知道自己將會名揚北方世界，受到超越諸王的禮敬。因此，他離開土耳其，熱切踏上前往北方的旅程；有一大群男女老少跟隨奧丁而行，他們隨身攜帶大量奇珍異寶。凡所到之處，都流傳著他們的輝煌事蹟，據說他們不似凡人，更似神祇。

──────斯諾里・斯圖魯松，《散文埃達》〈序言〉（約 1230 年）

斯諾里：北歐諸神是聰明的亞洲移民 ✕

北歐眾神的真實身分是什麼？他們是來自近東的移民，向北穿過德國，到達他們應許的斯堪地那維亞（Scandinavian）家園：他們是和你我一樣的人類，只是更聰明、更俊美，也更文明。至少將斯堪地那維亞北部留存的大量神話傳說記載下來的斯諾里・斯圖魯松（Snorri Sturluson），這位中世紀冰島的基督教作家如此宣稱。中世紀的基督教學者需要解釋為何祖先會崇拜偽神，因此有種理論廣泛流傳：認為基督以前的神都是魔鬼，是撒旦派來的惡靈，企圖引誘人類犯下罪行及過錯。但是，還

有一種理論也具有解釋的效力，那就是上述引文中斯諾里提出的主張：這些神其實是優秀的人類，是來自特洛伊（Troy）的移民；這種觀點就是「英雄成仙說」（Euhemerism，由古希臘神話學家猶希邁羅斯提出，認為神話傳說是以真實事蹟為基礎而改編的）。斯諾里是 13 世紀的冰島學者、政治家、詩人和領主，他留給人們最詳盡、最系統的北歐諸神敘述；深信北歐諸神——即所謂的阿薩神族（Æsir）——必為人類。特洛伊戰爭之後，敗者的後裔決定向北遷居，把他們先進的技術和智慧帶到德意志地區和斯堪地那維亞。這些移民的文化全面取代了當地既有文化，原住民說起新住民的語言；而在第一代移民過世之後，就被後人奉為神祇，加以崇拜。

斯諾里撰寫的《散文埃達》（*Prose Edda*）闡釋傳統北歐詩歌的技法，而這需要大量的神話學背景知識；他設立明確的架構：儘管「現在」不該信奉異教神祇——而且這些神祇不過是一群聰敏的近東移民——但和他們有關的故事依然充滿意義，饒富趣味。他在《散文埃達》這本詩歌專著的〈序言〉裡，是以瑞典古魯菲國王（King Gylfi）受到雙重欺騙的故事開篇；第一次欺騙古魯菲的是葛馮（Gefjun）女神，這個故事將會在第一章提到；而古魯菲第二次受騙是在他醒悟到被騙之後，前往阿薩神所在的「神域」（Ásgarðr）。他想要多瞭解這些欺詐他的人。古魯菲受邀進入神域的大殿，遇見三位人物：哈爾（Hár，至高者）、爵漢爾（Jafnhár，齊高者）和斯萊德（Þriði，第三位）。古魯菲與他們問答良久，從中瞭解諸神的大量資訊，關於天地創造與人類誕生的過程，以及世界的終結：「諸神黃

昏」（ragnarök）——屆時諸神和巨人將對戰沙場，最終大地將
會重塑。哈爾勸勉古魯菲，要善用這些聽來的知識，便和其他
兩位人物及巨大宮殿、森嚴堡壘一同消失了。古魯菲返回家鄉
後，把自己的所見所聞四處傳布。

冰島學者斯諾里·斯圖魯松

斯諾里·斯圖魯松（1179-1241）生於冰島顯赫的家族，曾深
陷冰島和挪威的動盪政局。他著有一本吟遊詩集，被稱為
《散文埃達》。這本書分為四部：除〈序言〉、〈欺騙古魯菲〉
之外，還有〈韻律列舉〉及〈詩語法〉。〈韻律列舉〉展示
多種詩歌韻律，〈詩語法〉解釋複合詞隱喻法（kennings，
使用多重字彙來描述某一物件，例如以「傷口的敵人」比喻「劍」，
更詳細說明可參見本書第 14 頁）。斯諾里死於冰島的雷克霍特
（Reykholt），在自家地窖被挪威國王派來的殺手所害，臨
終遺言大喊：「別砍我！」

斯諾里的雕像，他是 13 世紀冰島的學者、政治家和詩人。
這座雕像矗立於他的家鄉冰島雷克霍特。

　斯諾里另一篇有關北歐諸神的重要作品是《因格林傳奇》（*Saga of the Ynglings*），它是挪威列王傳的第一部，以「世界之環」（Heimskringla）開篇。斯諾里在這部作品裡，和《散文埃達》一樣，採用「英雄成仙論」來解釋阿薩神族，並更詳述諸神的力量，闡明他們就是瑞典和挪威列王的祖先。儘管斯諾

古魯菲國王會見哈爾、爵漢爾和斯萊德，出自 18 世紀冰島手抄本。

里的神話作品經過理性化和系統化的處理，但它們仍是我們瞭解北歐諸神和英雄故事的重要途徑。然而，在閱讀斯諾里的著作時，我們需要銘記於心：作者是中世紀的基督徒，因而會對部分素材加以調整。譬如，他引入史前洪水的概念，讓冰霜巨人（frost-giant）僅有一人倖存，其餘都在這場洪水淹死了；這段故事顯然是作者的發明，源於《聖經》裡諾亞（Noah）遭遇的末日洪水。在其他現存的北歐傳說中，完全找不到支持這段故事的證據。儘管斯諾里對北歐神話的瞭解肯定比我們要深

厚得多，但有時他也會碰到知之不詳的概念，於是就會硬生編造。我們更懷疑，斯諾里知道的故事遠比他寫下來的還多——或許包括奧丁「將自己獻祭給自己」，把自己吊在世界之樹（Yggdrasill，參見第一章）的情節；但神被吊起獻祭的神話和基督被釘死於十字架的受難「相沖」了，他身為虔誠的基督徒，重述這段神話或許並不愉快。

兩種北歐詩歌　✕

　　沒人拿得準「埃達」（edda）一詞的確切含義；斯諾里的著作被冠以「埃達」之名，最早出自一份手抄本。埃達的含義之一是「曾祖母」；或許是指神話知識源遠流長，和女性關係密切。14 世紀的冰島，埃達也用來指稱「詩學」一類的作品。北歐古代詩歌分為兩種類型：第一種精雕細琢，稱為「吟唱詩歌」（skaldic poetry），詩中使用謎語般的隱喻系統，叫做「複合詞隱喻法」。最簡單的複合詞隱喻法就是使用複合詞，比如用「思想的工匠」指代「詩人」，用「精靈之光」指代「太陽」等。然而，許多複合詞隱喻法更複雜、更隱晦；解碼它們須依賴人們對神話的瞭解程度。因此，想要理解「岡羅德玉臂上的重荷」指的是誰，我們得知道奧丁曾引誘巨人之女岡羅德（Gunnlöð），為諸神及人類贏得「詩仙蜜酒」（mead of poetry，參見第三章）。當用「岡羅德玉臂上的重荷」指代奧丁，就把他和引誘者的形象相連，讓人聯想到他為諸神和人類

贏得重要的文化寶藏；而當用「被懸吊的神」指代奧丁，就會讓人聯想起犧牲者的形象，想到他為了獲得盧恩符文（runes）的知識，把自己吊在世界之樹上——吊死祭品似乎是取悅奧丁的最佳方式。除了第三章會談到幾段索爾（Þórr）的歷險外，吟唱詩歌很少記述神話故事；但神話傳奇和這類詩歌之間依然關係密切，主要在於神話傳奇支撐起複合詞隱喻系統。

第二種北歐古代詩歌稱為「埃達詩歌」（eddic poetry），它和古英語、古高地德語等日耳曼相近語系寫就的早期詩歌一樣，是押簡單的頭韻。這類詩歌之所以稱為「埃達」，是因為它敘述的許多故事為《散文埃達》中的神話建構了基礎。採用這種韻律的詩歌，大部分都是透過一卷手抄本保留至今；這卷手抄本的正式名稱為 GKS 2365 4ᵗᵒ，現在由雷克雅維克（Reykjavík）的手抄本協會收藏。1662 年，冰島主教約爾維‧斯汶遜（Brynjólfur Sveinsson）將這卷手抄本獻給丹麥國王，因此又叫做「皇家手稿」（Codex Regius）。這卷在冰島發現的手抄本，抄錄時間約在 1270 年，比斯諾里的《散文埃達》出版時間晚了 40 年左右，但手抄本裡的許多詩歌和內容也在斯諾里的著作出現。似乎在斯諾里寫作時，就已經有成文的神話英雄詩歌集可供他參考引用了。本書引用的詩歌都出自於這本合集，不過除了「皇家手稿」之外，還有其他幾首埃達詩歌也和神話有關，包括：《巴德爾的噩夢》（Baldrs Draumar）預示了巴德爾之死；《希德拉之歌》（Hyndluljóð）以一位女巨人的身分傳達大量的神話知識，其中列出芙蕾亞（Freyja）女神最喜愛的英雄之一的祖先令名；《里格的讚歌》（Rígsþula）解釋社

「皇家手稿」，約 1270 年，展示〈女先知的預言〉部分詩行。

會階層是如何形成的。還有一些埃達形式的詩歌散見於維京時代英雄的散文傳奇（sagas）中，大多講述的是古代斯堪地那維亞的英雄事蹟；這些詩歌被稱為「古代傳說」（fornaldarsögur）。

薩克索：第一位丹麥歷史學家 ◇

在中世紀，北歐神話傳說的記載幾乎全部源於冰島，並以冰島語書寫。只有一部重要的作品除外，那就是用拉丁語書寫的《丹麥史》（*History of the Danes*），這部巨著的作者是約 1150-1220 年的丹麥牧師薩克索・格拉瑪提庫斯（Saxo Grammaticus）。薩克索的綽號是「博學者」。這本書的〈序言〉告訴我們，在前基督教時代，丹麥人「用自己的語言把字母刻在岩石上，重述祖先的豐功偉績。這些故事早已用他們的母語寫成了歌曲，廣為傳頌」。薩克索也提到，當時冰島人流傳豐富的神話傳說，他在書中採用從冰島人獲得的資料。薩克索像斯諾里一樣，雖然講述神祇和英雄的事蹟，卻把他們去神格化了，將之描繪為人類；在他筆下，他們聰明狡黠，在史前時期的丹麥生活。奧丁再度被說成是極富智慧的智者，是「一個人類……被歐洲人廣泛地，儘管是錯誤地，當作神來信仰」。雖然薩克索秉持懷疑的筆調，但他仍然記錄了大量內容，支援著別處的記載；他最突出的貢獻在於，為幾名特別重要的斯堪地那維亞英雄提供了詳盡的資訊，例如第五章將會提到的斯塔卡德爾（Starkaðr）和毛褲子拉格納（Ragnarr loðbrók）。

口頭流傳和文字記載 ◇

斯諾里在寫《散文埃達》時，手上可能已經有少許埃達詩歌的手抄本合集作參考了。但我們也不能低估，中世紀人在記憶

冰島南部斯通（Stöng）重建的中世紀農莊。

裡到底能儲存多少資料。斯諾里的腦海裡無疑裝滿大量詩歌，當中既有吟唱詩歌，又有埃達詩歌，或許還有以這些詩歌為本的散文體重述故事，他從中汲取寫作《散文埃達》所需的資料。實際上，斯諾里的著作為後世確立北歐神話的形態——當靈活多變的故事寫成白紙黑字，便不可避免地導致這一結果。但神話從來就沒有「最原始」的版本；想要確定誰才是第一個講故事的人，這是不可能做到的。每個個體的重述合在一起，構成我們對神話的結構和意義的整體認知。每個新的版本，不管是整首詩、一個複合詞隱喻法，還是一處典故，或是石雕、木刻、繪畫、織物或瓷器上的形象，都能讓我們對神話思維產生新的洞見，讓我們瞭解神話是在怎樣的情境下和運用它的文化相應。

我們將在第二章看到，北歐神話對創世的解釋不止一種，但爭論哪種「是真」、誰才是「最早」毫無意義。正如埃及神話沿著整條尼羅河衍生出許多版本，北歐神話也是屬於所有維京後裔的文化財產，不論他們生活在北歐世界的哪個角

落。在所謂的維京大遷徙之中，古諾斯語族群離開斯堪地那維亞，遷徙到不列顛的部分地區、諾曼第（Normandy）及北大西洋群島——最初來到冰島，後來抵達法羅（Faroes）、奧克尼（Orkney）和昔德蘭（Shetland）。再晚些時候，他們在格陵蘭（Greenland）南部定居，甚至一度在北美洲建立移居地。斯堪地那維亞人曾沿著第聶伯河（Dnieper River）航行至黑海，在君士坦丁堡的皇帝瓦蘭吉（Varangian）衛隊中服役，還建立了俄羅斯的第一個公國。

冰島故事

薩克索稱，冰島人銘記著英雄傳說並保存下來，這一論點得到北歐神話傳說兩大文獻的支持。《散文埃達》和《詩體埃達》（Poetic Eddas）這兩部著作確實都是在北大西洋島嶼上寫就的。9 世紀時，冰島上的住民主要來自挪威。在冰島人的起源神話中，他們自稱是生而自由的貴族的後裔，不願接受金髮哈拉爾國王（King Haraldr Fair-hair）的暴政，於是遷居於此。遷徙到這個新移居地的還有其他一些斯堪地那維亞人，他們是來自於不列顛群島上的盎格魯—斯堪地那維亞（Anglo-Scandinavian）屬地，並從凱爾特（Celtic）地區運來奴隸。從斯堪地那維亞本土隨之而至的還有古老的故事，乘著拓居者的長船四處旅行，在小小的農戶中被憶起重述——一戶又一戶人家就這樣蟄伏在茅草屋頂之下，說著古老的故事來度過漫漫冬天長夜。因此，幾個世紀以來，冰島都是往昔異教的知識寶庫。

地理上的分散意謂著大一統的喪失，沒有哪個版本的神話堪當人人信仰的權威。權威信條大多來自擁有經典的宗教，如猶太教、基督教和伊斯蘭教。在這些宗教中，神聖經文逐漸演變，某些信仰被公認為正統，並進一步強化成真理（儘管有不同的詮釋）。從丹麥的日德蘭（Jutland）半島，北到拉普蘭（Lapland，即現今北歐原住民薩米人傳統居住地區）邊境，西到維京時代的都柏林，甚至格陵蘭，南到諾曼第，東到君士坦丁堡，每個說古諾斯語的群落都信奉著一套不盡相同的神話，用它來履行神話的職責——解釋形而上的大哉問。

當傳說跨越地域的疆土，穿過語言的邊界，它們自身也發生變化。如果我們比較希格爾德（Sigurðr）／齊格菲（Siegfried）故事的不同版本，傳承自大約 1200 年奧地利—德國的《尼伯龍根之歌》（Nibelungenlied），以及第四章將提到的北歐詩歌、散文版本，我們會發現主要人物之間的關係完全不同了。在南方的版本中，故事的重點在於妹妹向哥哥復仇，因為她的哥哥殺了她的丈夫。而在北方的版本裡，妹妹原諒了哥哥，與她有深仇大恨的對象是自己的第二任丈夫，因為他謀殺了她的哥哥。這些差異之處反映了文化規範的變遷：故事探究妹妹嫁為人婦後，應向哪一方效忠。神話和傳說是可塑易變的；當它們具備文化上的效用，就會被記誦、重塑及保存——通常是以書寫或其他形式確立。一旦它們失去意義，就將湮滅無跡。在北歐的這些「神話大雜燴」之外，必然還有過大量關於神祇和英雄的故事沒有納入，但這些居於一隅或廣為流傳的故事，如今已永遠消逝了。

來自瑞典胡格達爾（Ovehogdal）的維京時代掛毯，上面繡著騎馬者、船隻和樹木紋飾。

場所遺跡和文物考古 ◇

　　關於神話體系中遺失的瑰寶，我們所知的線索有些來自前基督時代信仰的早期遺跡，有些源於考古發現，還有一些源於石刻——在古代北歐地區，這一來源尤為重要。儘管古代北歐的宗教儀式似乎大多在戶外舉行，人們還是曾修建神廟。有一記載可以追溯到 1070 年代，一位叫做不來梅的亞當（Adam of Bremen）的學者曾經寫到，瑞典中部的烏普薩拉（Uppsala）有座宏偉的神廟。瑞典改信基督教的時間比挪威和冰島更晚，而烏普薩拉又是政治、行政、宗教及法律所有活動的中心。不來梅的亞當告訴我們，在烏普薩拉的神殿裡，索爾、沃坦（Wotan，即奧丁）和弗麗可（Frikko，即芙蕾雅）的雕像高居王座。索爾居中央，其餘二神陪坐左右。神殿近旁有棵高大的常青樹，樹下有口井，信徒會把人牲溺死於井中。樹上還會吊著獻祭的人類和動物，狗、馬和人的屍體一起晃來蕩去。如上文所說，和奧丁有關的神話全都強調吊死祭品的重要性，把它當作獻祭的主要形式。

1555 年，奧勞斯‧馬格努斯（Olaus Magnus）的《北歐民族史》（*A Description of the Northern Peoples*）裡的烏普薩拉神殿插圖，可以看到井裡有獻祭的人。

奧賽伯格墓葬船（Oseberg Ship-Burial）

1903 年，挪威南部的西富爾（Vestfold），有名農民在自家田裡挖地，從土堆挖出船隻殘骸。次年夏天，奧斯陸大學的考古學家來此挖掘，找到一艘精雕細刻的大船。這艘船身長 21.5 公尺、寬 5 公尺，由橡木板構成，大約造於 820 年。船上可容納 30 名槳手。834 年，這艘船被拖上岸，為兩名顯然身分高貴的女性充當棺槨。其中一位年齡介於 70-80 歲之間，另一位大約在 50 歲上下。她們躺在富麗堂皇的墓室中，於一張床上同眠。墓室位於船桅後方，立於甲板之上。墓室中掛滿繡花壁毯，兩位女性周圍堆滿陪葬品：家具、衣物、鞋履、梳子、雪橇，還有個裝飾精美的木桶。除此之外，墓中還發現 15 匹馬、6 條狗和 2 頭小牛的遺骨。應該還有貴重金屬器皿陪葬，但封土曾在中世紀被人破壞，已經全都失竊了，只有這些更大更重的物品遺留下來。它們是如此的精美，以至於人們推測，那位年齡較大的女性可能是位女王。你可以在奧斯陸的維京船博物館參觀奧賽伯格號和其他兩艘類似的船。

考古發現還加深了我們對北歐神話世界的認識，讓我們知曉故事中的武器、盾牌、房屋和船隻大概的樣子。依靠這些實物，我們對神祇和英雄世界的想像重構得以擴展。在墓葬中還找到其他一些物品顯示墓主是名巫師，會在儀式中使用法器。根據神話記載，墓葬船會被火化成灰，或放歸於海；這類葬禮不會留下任何考古遺跡。然而，奧賽伯格墓葬船的存在證明，對於名門望族來說，船隻也可以當作棺槨用於土葬。

　　想要證實北歐神話傳說並詳細闡述，最重要的文物莫過於維京時代的石刻——鑿刻在石頭上的畫像石（picture-stone）或神祇、英雄的立體雕像。這些文物主要保存在一些島嶼上，比如

9 世紀的奧賽伯格號，在挪威奧斯陸的維京船博物館展出。

曼（Man）島或哥特蘭（Gotland）島，這些島嶼是維京大遷徙的前哨，位於瑞典和芬蘭之間的波羅的海，長久以來都是北歐海洋貿易和航行的樞紐通道。哥特蘭島留存 475 幅繪有複雜場景的畫像石。根據一些標誌性的細節，我們可以從中辨認出：

一幅早期的哥特蘭畫像石

這塊引人注目的畫像石來自哥特蘭哈瓦爾（Hangvar）教區的奧斯特思（Austers），雕刻時間可以追溯到 400-600 年之間。畫中有隻多足怪獸，還有一人將手放到怪獸嘴裡，或正抓住怪獸下顎。有人把這場景和魔狼芬里爾（Fenrir）咬掉提爾（Týr）之手的故事類比。再發揮一下想像力，這隻千足蟲似的生物也可能象徵將在世界末日吞掉奧丁的野獸。

在哥特蘭島哈瓦爾教區的奧斯特思發現的畫像石。

索爾和巨人希密爾（Hymir）出海釣魚，用牛頭當魚餌
（參見第三章），來自大約 10 世紀英國北部坎布里亞
郡（Cumbria）的戈斯福斯（Gosforth）垂釣石。

騎著八足天馬斯萊普尼爾（Sleipnir）的奧丁（參見第一章）、
鐵匠伏爾隆德（Völundr）的傳說（參見第二章），還有希格
爾德傳奇（參見第四章）的部分情節。

　　由於有的畫像石具備極為獨特的細節，只能解釋它是表現某
則特定的北歐神話，如奧丁的八足天馬或索爾釣「中庭巨蟒」
（Miðgarðs-serpent）用的牛頭。透過這種方式，我們可以把現
存的神話、傳奇和維京世界各地的畫像石相連。在每個群落之
中，承繼的故事都會摻雜當地的傳說，而最讓人震驚的是曼
島，一些北歐神話形象居然被刻在基督教的十字架上，與基督
信仰建立了對話。描繪屠龍者希格爾德故事的圖案，讓人想

出自丹麥萊爾的「奧丁」像。該人物身著女式服裝,被兩隻渡鴉拱衛。

起《聖經·啟示錄》聖米迦勒(St Michael)屠龍。十字架的長柄上刻著奧丁之死——在諸神黃昏時,奧丁將被魔狼芬里爾吞噬。這枚十字架來自曼島的柯克安德斯(Kirk Andreas)村,根據石匠的盧恩符文簽名被稱為「索爾瓦德十字架」(Thorwald's Cross,參見第 2 頁圖)。諸神之父奧丁的死亡圖景和基督形成了強烈的對比,因為基督不像奧丁,基督將在死後復活。遠至俄羅斯的窩瓦(Volga)河流域,都能發現繪有希格爾德故事的畫像石和物品,其中以瑞典拉姆松德石刻(Ramsund stone)(參見第 160 頁)最為著名。我們將在後面的幾章看到,這些圖像是如何與神話原文相互匹配的。

近期發現越來越多的金屬製品,大部分都是極為微小的雕像,可以辨認出北歐諸神的形象。在這些雕像中,有最近在丹麥萊爾(Lejre)出土的奧丁像:奧丁端坐王位,他的兩隻渡鴉

左：手持寶劍和盾牌的女子，可能是女武神，約 800 年，近期於丹麥哈比出土。右：被認為是弗雷的小型金屬人像，來自瑞典拉靈格。

棲在椅背上。另一個驚人的例子來自丹麥哈比（Härby），是一個武裝女子（女武神）的塑像。它們的地位可以和之前的一些發現相提並論，如冰島埃爾蘭德（Eyrarland）著名的索爾雕像（參見第 117 頁），以及瑞典拉靈格（Rällinge）通常被認為是弗雷（Freyr）的擁有巨大陽具的塑像。考古、神話和傳說之間的交互關係一直處於動態變化之中；不斷有新發現改變著我們的想像認知。

其他日耳曼傳統 ◇

　　最後，在解讀北歐神話時，我們也會用到中世紀初期日耳曼世界的類似傳統。盎格魯—撒克遜人（Anglo-Saxons）崇拜的

神祇和北歐諸神名稱相似——英語星期二（Tuesday）、星期三（Wednesday）、星期四（Thursday）、星期五（Friday）是以盎格魯—撒克遜人崇拜的神祇提爾（Tiw）、沃頓（Woden）、圖諾（Thunor）及弗麗格（Fricg）的名字來命名，而這四位神就相當於斯堪地那維亞語系中的提爾（Týr）、奧丁（Óðinn）、索爾（Þórr）及弗麗嘉（Frigg）。在古英語的文獻中，絕少提到這些神；有一處是在智慧詩中，把基督的救贖之力和製造偶像的沃頓做了對比。另一處是「九種藥草之咒」提到沃頓用九種「光榮木」（wuldortanas，譯註：9 根樹枝 3 個一組，相互呈 60 度排列，如此構成的形狀包含了所有盧恩符文）抽打蟒蛇。在現存的少量古高地德語文獻中，還有一些其他咒語，裡面提到了和北歐諸神姓名相似的神祇。

這些來自鄰近文化的隻言片語，既沒有斯諾里的《散文埃達》的詳盡闡釋，也沒有埃達詩歌敘述故事的清晰邏輯，相比之下，它們極為神祕難解。盎格魯—撒克遜教會無意保存前基督信仰，並且長期壟斷文字書寫，以至於異教過去的故事寶藏全部流失殆盡。就算是在盎格魯—撒克遜人的本土德國大陸，英國傳教士勤於在此拯救靈魂，摧毀異教徒的避難所，因而他們的神話資料也沒能倖存下來。英雄傳奇稍微好一些，在兩種語言中都有保存，我們將會藉助古英語史詩《貝武夫》（Beowulf）和《提奧》（Deor），以及德語的《尼伯龍根之歌》來闡明斯堪地那維亞的英雄傳奇。

1

男女諸神

北歐神祇　✕

　　北歐諸神分為兩個神族：主要是阿薩神族，以及另一個更神祕的華納神族（Vanir）。兩個神族都有男神和女神，阿薩神族的女神稱為阿薩尼爾（Ásynjur），而華納神族對女神並沒有專門的稱呼。這或許是因為，我們只知道一位華納女神，就是弗蕾亞。阿薩神族（Æsir）是 Áss 的複數形式，意思是「神」；當寫作單數 the Áss 時，通常是指索爾（Þórr）。

阿薩神族　✕

　　奧丁是諸神的領導者，他名字的意思是「發怒者」。有時，他也被稱作「眾神之父」，但這種叫法並不常見。奧丁是戰爭之神，不過和弗雷有所不同，他更是一位謀士而非戰士。他向選中的英雄傳授高效的陣形，包括形似豬鼻的楔形陣

（svínfylking）。奧丁在人間挑起征戰，藉此考察誰有資格進入他的英靈殿，成為英靈戰士（Einherjar），在諸神黃昏時將與神祇並肩作戰。奧丁可以決定戰爭的勝負，也可透過永恆之槍賦予人類刀槍不入的神力。不過有時候他並不親自決定勝敗的歸屬，而是派女武神代為掌控。

奧丁也是智慧之神。不管哪裡藏有智慧，他都會前去找尋。他向密彌爾之泉（Mímir's Well）獻出一隻眼睛，以此獲取密藏的知識。他把自己吊在世界之樹，只為換來盧恩符文。這套文字成為日耳曼語的書寫系統，讓神祇和人類都能記載自己的知識，以遺後世。

18 世紀冰島手抄本中的奧丁，獨眼，肩上棲著兩隻渡鴉，手持永恆之槍昆古尼爾。

奧丁（Óðinn）

- 阿薩神族的領導者，獨眼，落腮鬍，年老。
- 智慧之神，魔法之神，戰爭之神，王權之神；受到上層社會的崇拜；挑選亡靈者。
- 特徵：握有叫做昆古尼爾（Gungnir）的永恆之槍。
- 宮殿：主要住在英靈殿（Valhöll），也擁有其他宮殿，包括金宮（Glaðheimr）和白銀之廳（Valaskjálf）──後者殿內有至高王座希利德斯凱拉夫（Hliðskjálf），可以讓奧丁俯瞰所有世界。
- 出行：騎乘八足天馬斯萊普尼爾，不過奧丁常常喬裝步行遊歷。
- 靈獸：胡金（Huginn，思維）和穆寧（Muninn，記憶）兩隻渡鴉；基利（Geri，貪欲）和弗力奇（Freki，暴食）兩頭狼。
- 娶弗麗嘉為妻；有多名巨人和人類情人。後裔有索爾、巴德爾（Baldr）、維達（Viðarr）、瓦利（Váli）、霍德爾（Höðr）。
- 在丹麥備受尊奉。

奧丁把自己吊在世界之樹上，W. G. 柯林伍德（W.
G. Collingwood）為奧利弗・布雷（Olive Bray）於
1908 年出版的《詩體埃達》英譯本所繪的插圖。

我知道自己吊在狂風飄搖的樹上
整整九夜之久，
我被長矛刺傷，獻祭給奧丁，
把自己獻給自己，
我所憑依的那棵大樹，無人知道
它的根伸向何方。

沒人給我麵包果腹，連一角杯酒水也沒有，
我吊在樹上向下俯瞰；
我獲得了盧恩符文，在尖叫中我將其掌握，
然後從高處跌落地面。

〈高人的箴言〉（*Hávamál*），第 138-139 節

女武神（Valkyries）

女武神是駐守英靈殿的超自然之女。她們負責為住在這裡的英靈戰士奉上美酒佳釀。她們還有另一項任務，就是騎馬前往戰場，分派勝敗的歸屬。Valkyries 的意思是「挑選亡靈者」。有時奧丁會告訴她們誰將是贏家，有時則由她們自行決定，然後帶著亡者一同返回英靈殿。並不是所有國王都對成為優秀（亡靈）戰士的邀請欣喜若狂，有些人更願繼續統治俗世。有首緬懷挪威哈康國王（King Hákon）的詩，說他總是愁容滿面，即便被史上最偉大的英雄接往英靈殿，依然悶悶不樂。女武神布倫希爾德（Brynhildr）違反命令，私自把勝利許給更年輕、更英俊的戰士，因此受到奧丁的懲罰。有些人類女子也會拿起盾牌，投身女武神的生活。這樣，她們就可以挑選英雄作為丈夫，而不用嫁給自己不喜歡的求婚者，我們將在第四章看到這樣的例子。

飛奔的女武神，斯蒂芬・辛丁
（Stephan Sinding）1910 年雕刻。

奧丁還知道許多其他咒語，功用五花八門：復活死者，熄滅火焰，召喚風暴。〈高人的箴言〉列舉 18 條咒語，但他拒絕透露最後一條是什麼；他說，除非是他的情人或姐妹，否則他不會將這個祕密告訴任何女人——由於沒有證據顯示奧丁有姐妹，他和情人們的關係也不怎麼友善，這個祕密可能永遠不會揭開了。

奧丁最關心的事情就是「諸神黃昏」，他竭盡全力探尋有關世界末日的訊息。為此，他在神界和人界四處走訪（參見第五章和第六章）。他在兒子巴德爾死後，知道這是重要徵兆，昭示著世界末日即將來臨，但他仍懷有希望，試圖想出辦法，讓預示災難的卜辭落空。他還擅長另外一種為人所不齒的魔法，稱為賽德（seiðr，參見第二章，第 96 頁）。我們並不清楚它的具體內容，但施展這種魔法的人似乎以女性居多。如果男性要施展這種魔法，就得換上女裝：而在北歐文化換穿女裝一直都是件丟臉的事情。實際上，在〈洛基的叫罵〉（Lokasenna）一詩中，奧丁和洛基（Loki）就曾對此唇槍舌戰。奧丁指責洛基化身奶牛在地下過了 8 個冬天，像女人一樣孕育後代。洛基則向同母異父的奧丁回敬，居然在索姆塞（Sámsey）島——即現在瑞典和丹麥之間的薩姆索（Samsø）——施展「賽德」魔法，「播起鼓來像巫婆一樣」。弗麗嘉趕緊打斷兩神的爭執，叫他們不要在眾目睽睽之下翻出這些陳年祕事。

奧丁也是君王的守護神。我們將在第四章看到，奧丁如何干預凡人君王和英雄。他熱中於把自己的寵兒推上王位，也希望他們治國有方。與此同時，奧丁還負責為英靈殿選拔最傑出的

英雄，並掌控著君王和英雄的死亡；當奧丁行使這一職能時，常常讓人們認為自己遭到神祇的背棄。在一些詩歌中，抵達英靈殿的勇士會責備奧丁，義正詞嚴地聲討他的背信棄義。

盧恩符文

盧恩符文是日耳曼語的書寫系統，在羅馬字母隨著基督教進入北歐之前，為日耳曼人使用。盧恩符文出現於 1 世紀初期，可能源自萊茵河流域，從某個版本的羅馬字母衍生而出。這些字母適於雕刻，人們可以輕易地刻在石頭或木頭這類堅硬的表面上。早先的弗薩克字母表（futhark，由字母表的前 6 個字母命名）由 24 或 25 個字母組成。8 世紀晚期，斯堪地那維亞人簡化為新版的弗薩克字母表。後來的這套字母表只有 16 個字母，現存的盧恩符文碑銘主要都是用它所寫。盧恩符文的字母各代表一個音節，如「b」或「th」，不過，每個盧恩符文還有自己的名字，例如，「f」的稱呼就是 fé（金錢財產）。在北歐神話中，盧恩符文具有魔法力量，奧丁就是用它魅惑了琳達（Rindr，參見第六章）公主。英雄史詩中提到，有些病人因為刻錯的療癒符文，反而加重病情。

f u t h a r k g w

h n i j A ï p R/z s

t b e m l ng d o

舊版的弗薩克字母表。

雷神索爾駕著山羊拉的戰車，揮起鎚子打擊巨人。馬爾滕・埃斯基爾・溫格（Mårten Eskil Winge）1872 年繪。

　　索爾的主要職責是保衛神的疆域，抵禦巨人的破壞。他大部分時間都在東方遊歷，揮舞著強有力的「雷神之鎚」（Mjöllnir）征討男女巨人。在諸神之中，他與人類的關係尤為緊密；索爾有兩名人類隨從，少年叫做提亞爾菲（Þjálfi），少女名叫蘿絲昆娃（Röskva）（參見第 127 頁）。索爾探險時常常與洛基為伴，就算洛基有巨人的血緣，索爾也沒有對他多加提防。在諸神黃昏時，洛基的子嗣「中庭巨蟒」將從海中崛起，與索爾對決。就像奧丁早早就開始探索諸神黃昏是否可以避免，索爾也和中庭巨蟒提前交鋒過（完整的故事參見第三章）。

索爾（Þórr）

- 紅色落腮鬍，巨人的剋星。脾氣暴躁，頭腦平平。天氣之神，航海之神（冰島地區），稼穡之神；受到農民的崇拜。
- 特徵：雷神之鎚、鐵手套、神力腰帶。
- 宮殿：力量之源（Þrúðheimr）及有 540 扇門的畢爾斯基尼爾（Bilskírnir）。
- 出行：乘坐山羊拉的戰車。
- 靈獸：「咬牙者」（Tanngnjóstr）和「磨牙者」（Tanngrisnir）兩頭山羊。這兩頭山羊可以被殺來食用，第二天早上又原樣復活。
- 娶金髮希芙（Sif）女神為妻；是女巨人約德（Jörð，意思是大地）和奧丁之子。
- 子嗣：生兩子瑪格尼（Magni）和摩迪（Móði）及一女絲羅德（Þrúðr）。有一首詩講到，索爾回到家中，發現女兒和醜陋的矮人訂了婚。索爾便使用遺聞軼事來考驗矮人艾維斯（Alvíss，意思是全知）的智慧，一直考到太陽升起，矮人化作石頭。
- 在挪威和冰島是最重要的神祇。

關於海姆達爾（Heimdallr），我們所知不多。他是諸神的守望者，一直警戒敵人動靜。在諸神黃昏時，他會吹響自己巨大的號角。不知為何，海姆達爾的聽力和奧丁的一隻眼睛一樣，也失落於密彌爾之泉。不過，這並不妨礙他繼續擔任哨兵，因為他的聽力極為敏銳，連羊背上羊毛生長的聲音都能聽見。人類的社會階層也是由海姆達爾建立的。《里格的贊歌》（*Rígspula*）講述海姆達爾化名為里格（Rígr，愛爾蘭語的「國王」）穿行在人類世界的經歷。他先後到訪三戶人家：一戶是貧農的茅屋，一戶是富饒的農舍，還有一戶則是華麗的廳堂。每戶人家都請他進屋享用佳餚，一共留宿三晚，他每晚都睡在已婚夫婦中間。之後，每家的女主人都生下一子。貧農夫婦的孩子叫做薩爾（Thrall），樣貌醜陋，但身強力壯，命中注定要做體力勞動。富農夫婦的孩子叫做卡爾（Karl），長成一名能幹的自耕農，耕種自己私有的土地。而有錢夫婦的孩子叫做雅爾（Jarl，譯註：斯堪地那維亞語中的「領主」）或厄爾（Earl，譯註：由Jarl衍生而來，在英國貴族體系中譯為「伯爵」）；他成為出色的年輕貴族。雅爾的小兒子稱為「年輕的庫恩」（Konr ungr），意思是國王（konungr）。庫恩長大後，里格再次來訪，向他傳授盧恩符文的知識。《里格的贊歌》一直講到庫恩前去征戰、奪取疆土，才戛然而止。

吹奏加拉爾號角的海姆達爾，當他吹響號角時，即是警示
諸神黃昏來臨了。出自 18 世紀的冰島手抄本。

海姆達爾（Heimdallr）

- 被稱為白神；滿口金牙。
- 諸神的守望者，坐在神域的邊緣。他的背上總是沾染著從
  世界之樹落下的泥土。
- 世界之樹的樹根下有一口密彌爾之泉，海姆達爾的聽力就
  藏在泉裡。
- 特徵：巨大的加拉爾號角（Gjallar-horn）。號角吹響之時，
  便是諸神黃昏開啟之日。
- 宮殿：天衛之宮（Himinbjörg）。
- 靈獸：駿馬「金鬃毛」（Gulltoppr）。
- 有 9 個母親，她們是九姐妹。他曾經以海豹的形態對抗洛
  基；兩人注定在諸神黃昏時再度為敵（參見第六章）。

　　巴德爾在北歐神話中出場不多，只有死亡被詳加記敘；他被謀殺的情節可以參見第六章。在所有神祇中，巴德爾的家族連結最緊密。在他被殺之前，曾做了不祥之夢，雖然他的父母雙雙著手應對，但巴德爾仍被親哥哥失手誤殺，妻子也在葬禮上悲傷而死。預言說，在諸神黃昏之後，巴德爾將會重返諸神的殿堂。對於奧丁來說，這一資訊至關重要，讓奧丁獲得希望，期盼某些神祇將重返世間，再創全新世界。

光芒四射的巴德爾相信自己不會受傷，於是容許諸神向他投射各種武器。畫面右側，戴著兜帽的洛基將槲寄生飛箭塞到盲眼的霍德爾手裡（參見第六章）。埃爾默‧博伊德‧史密斯（Elmer Boyd Smith）1902 年繪。

巴德爾（Baldr）

- 諸神中最美好、最光明的一位；周身散發光芒。
- 擁有非常醒目的金色睫毛。
- 英年早逝，將在諸神黃昏後重返世間。
- 宮殿：寬廳（Breiðablikr，譯註：一般譯為「光明宮」，但本書作者認為 Breiðablikr 的意思是寬廣，所以中文譯為「寬廳」）。
- 妻子是南娜（Nanna），與他共赴冥界。

洛基總是立場艦尬，曖昧不明，這是因為他的父母來自不同的種族，導致他效忠的對象總是含混不清。洛基是奧丁的親弟弟；至高之神奧丁曾經發誓，若洛基不得美酒，他絕不獨飲。洛基總是讓其他神陷入麻煩，結果往往還得幫他們收拾善後。在〈洛基的叫罵〉一詩中，他自吹自擂自己在巴德爾之死所扮演的角色。至此，他的好運終於結束。他被諸神抓起來，用鐵鍊禁錮，直到諸神黃昏才獲得自由。

在那一日，他將把最終的忠誠獻給巨人族，和他們一起向諸神發動進攻。洛基的母親似乎是位女神，而父親則是巨人，這樣的婚配與神界通行的規則正好相反。洛基和一名女巨人有過情事，生下數個魔物後裔。洛基的性別也遊移不定：他是「八足天馬」的母親（參見第三章）；他吃下一顆半熟的女性心臟，因而懷上身孕；還有，如奧丁所言，洛基似乎曾化作女子，在地下度過 8 個冬天。

洛基和他發明的漁網，出自18世紀冰島手抄本。
諸神正是用這樣的漁網逮住洛基（參見第六章）。

洛基（Loki）

- 女神和巨人之子。英俊瀟灑，但性格惡劣，行為也捉摸不定。極為狡黠，性別多變。

- 娶希格恩（Sigyn）為妻，育有兩子。斯諾里把這兩子叫做瓦利（Váli）和納爾（Nari）或納菲（Narfi）；而《詩體埃達》則叫做納爾和納菲。洛基和女巨人安格爾波達（Angrboða）生下3隻巨獸：魔狼芬里爾、中庭巨蟒及冥界女神海拉。洛基也是奧丁坐騎八足天馬斯萊普尼爾的母親（參見第三章）。

華納神族 ⚨

　　華納神族是諸神中重要的一族。他們加入阿薩神族的過程將在第二章講述。在華納神族中，有 4 位知名的神祇：尼奧爾德（Njörðr）和其兒女弗雷（Freyr）和弗蕾亞（Freyja）一起住在「神域」裡；另一位則是克瓦希爾（Kvasir），他是諸神中最睿智的一位，一生跌宕起伏（參見第三章）。

　　尼奧爾德之所以為人熟知，主要是因為他和女巨人絲卡蒂失敗的婚姻（參見第三章）。他曾和姐妹亂倫，生下弗雷和弗蕾亞，這段關係似乎並未受到華納神族的阻攔；但他的女兒弗蕾亞卻因為與親哥哥亂倫而遭人詬病，還被人指責與許多其他男子有染。尼奧爾德這個名字和那瑟斯（Nerthus）共用一個詞根。那瑟斯是位非常古老的日耳曼女神，古羅馬歷史學家塔西佗（Tacitus）曾在西元 98 年對她有所記載。顯然在北上的過程中，女神換了性別變成尼奧爾德，但斯堪地那維亞鐵器時代晚期的木像考古證據，與那瑟斯的木雕細節是吻合一致的。

尼奧爾德把風從袋子裡釋放出來，出自 17 世紀冰島手抄本。

尼奧爾德（Njörðr）

- 華納神族的一員。海神。
- 掌管漁民、出海和捕魚。
- 可以平息風暴。
- 特徵：雙足格外潔淨。不喜山嶺。
- 宮殿：船城（Nóatún），位於海岸。
- 曾和女巨人絲卡蒂（Skaði）有過一段短暫的婚姻。育有弗雷和弗蕾亞，他們的生母可能是尼奧爾德的姐妹。

那瑟斯，古老的日耳曼神祇

據塔西佗所說，那瑟斯是倫巴底人（Langobardi）的大地女神。倫巴底人是日耳曼人的一支，在義大利北部生活。那瑟斯住在一座湖中小島上，居於聖林之中。島上有輛神聖戰車，只有那瑟斯的祭司才可觸碰。戰車四面被帷幕環繞，女神有時會在帳幔後顯出身形。每到此時，祭司就會用牛隻拉著戰車巡遊人間，讓女神降臨到信徒之中。當女神出巡時，人們不可做任何打鬥征戰，和平及幸福會突現人間。女神返回後，奴隸會在聖湖裡清洗戰車和牛隻，或許女神自己也會淨身。清洗完後，這些奴隸就被溺死在聖湖中。塔西佗寫道，這是一個「神祕恐怖的地方」。

那瑟斯被祭司帶到人群之中。埃米爾‧多普勒（Emil Doepler）1905 年繪。

弗雷和他的野豬「金鬃」。約翰內斯．蓋爾茨（Johannes Gehrts）1901 年繪。

　　弗雷這個名字並無深意，就是「勳爵」的頭銜，他身兼二職。其中之一為戰爭領袖——相對於他的另外一項職責，這一點鮮少被人提及。弗雷和奧丁不同，顯然更擅長親身肉搏戰而非運用計謀。他被稱為「諸神的將領」，也被喚作將戰俘從鎖鏈解救出來的「勇猛騎手」。他還掌管獸類和田野的繁殖。作為瑞典列王的祖先，他帶來五穀豐登；人們向他獻祭，祈求繁榮富饒。他曾向女巨人吉爾達（Gerðr）求愛（參見第三章），這個故事常常被認為是春天太陽神照耀大地的反映。他還有一頭可以用來騎乘的野豬，名叫「金鬃」（Gullinbursti）。

弗雷（Freyr）

- 華納神族的一員。英俊帥氣。他被稱為將領，但在瑞典主要司掌莊稼、天氣和收成。
- 特徵：他把自己的寶劍送給別人，在諸神黃昏時只能手持鹿角作戰。
- 宮殿：精靈之家（Álfheimr）。
- 出行：乘坐一艘由矮人打造的折疊船，叫做斯吉德布拉德尼爾（Skíðblaðnir）。
- 靈獸：野豬「金鬃」。
- 娶女巨人吉爾達為妻（或僅為情人關係）。育有一子弗尤尼爾（Fjölnir）。和妹妹弗蕾亞或有曖昧關係。弗雷是瑞典列王的祖先。

　　弗蕾亞這個名字意為「女爵」。這位女神最主要的職司是性愛，不過她對死者也有一定的權威。她的丈夫奧德爾（Óðr）出門遠行，為了他的離去，弗蕾亞落淚成金。洛基曾經指責她和親哥哥弗雷亂倫——然而，作為掌管情事的生育女神，她似乎和每個人都有過曖昧。洛基稱：「在座的阿薩神和精靈，每一位都曾是妳的愛侶。」當眾神將她和弗雷捉姦在床，她居然嚇到放屁！弗蕾亞也是人類的守護神。她向女巨人希德拉（Hyndla）提問諮詢，幫助受她庇護的奧塔（Óttarr）奪回繼承權（參見第三章）。

　　弗蕾亞熱愛珠寶首飾，她曾付出極大的代價，以換取美妙絕

弗蕾亞，美麗的金髮愛神。約翰・鮑爾（John Bauer）1911
年繪。

倫的布里辛嘉曼項鍊（Brisinga men，參見第 82-83 頁）就是佐
證。她十分喜歡這件新得的珍寶，就連睡覺也要戴著。斯諾里
稱，弗蕾亞有兩個女兒，名叫格爾賽蜜（Gersemi）和赫諾絲
（Hnoss）。這兩個名字都有「珍寶」之意，坐實了這位女神
和黃金之間的關聯。

弗蕾亞（Freyja）

- 華納神族的一員。當你遇到和情感相關的事宜，就應該向她求助。熱中於情歌。半數死者由她挑選，和奧丁職責相當。
- 特徵：擁有隼羽飛行斗篷。落下的眼淚會變成金子。持有布里辛嘉曼項鍊。
- 宮殿：佛克坊（Folkvangr）和色斯靈尼爾（Sessrúmnir）。
- 交通：乘坐貓拉的戰車。
- 嫁給奧德爾為妻。丈夫一直出門在外，弗蕾亞顯然與很多人有染，甚至連哥哥也在其中。

其他阿薩神祇 ✕

提爾（Týr）是一位獨掌的神祇，掌管戰事的勝負。他的手被巨狼芬里爾咬斷，這段故事的來龍去脈將在第三章交代。提爾和法律與正義有關，洛基故意曲解他的生理缺陷，說他「偏袒一邊」。關於提爾再無更多記載。他的母親顯然是位阿薩女神，但父親卻是名極不友善的巨人。提爾這個名字把他和宙斯（Zeus）與朱庇特（Jupiter）相連（源於同一詞根），或許提爾本來司掌天空。他的名字在古英語裡寫作 Tiw，星期二（Tuesday）就是據此得名。

在奧丁的注視下，提爾把手放進魔狼芬里爾的嘴裡。與此同時，狼爪上
的鐐銬正在收緊。出自 18 世紀冰島手抄本。

　　盲眼的霍德爾是巴德爾的哥哥。據說，諸神都避免提起他，
因為是他造成巴德爾的死亡。霍德爾將被瓦利（Váli）殺死，
為巴德爾復仇。霍德爾將會在諸神黃昏後重生，回到光輝燦爛
的世間，那時「所有的傷痛都將被療癒」，他將和自己的弟弟
一起過著平靜的生活。

　　維達（Víðarr）被稱為沉默之神，腳上穿著厚底鞋。在諸神
黃昏時，他將用到這雙鞋來為父親奧丁報仇。他會跳進魔狼芬
里爾嘴裡，把牠的嘴撕成兩半。

「沉默之神」維達對戰芬里爾（參見第六章）。W. G. 柯林伍德
1908 年繪。

瓦利是為巴德爾復仇才誕生的。這段故事的原委將在第六章
講到。

凡賽提（Forseti）是處理法律難題之神。他的宮殿裡有最佳
的裁決之所，稱為「光明所」（Glitnir）。他是巴德爾之子。
現今，他的名字被用作冰島總統的頭銜。

烏勒爾（Ullr）是弓箭之神，擅長滑雪。如果你要與人對決，
就應祈求他的保佑。他住在「紫杉谷」（Ýdalir），這與他十分
相襯，因為紫杉木是製弓的上等材料。他是希芙之子，索爾的
繼子，但無人知曉他的生父是誰。

最後，還有詩歌之神、雄辯之神、言辭之神布拉吉（Bragi），
他是伊都娜（Iðunn）的丈夫。布拉吉很有可能本是一介凡人。
在最早一批名留青史的古北歐詩人中，有位被稱作老布拉吉，
直到現在還能讀到他的幾首詩歌。他應該是在後來才加入諸神
行列。

烏勒爾腳踩雪橇，手持弓箭。他的弓是由紫杉所製，或許正是圖中那一棵。出自 18 世紀冰島手抄本。

阿薩尼爾（女神）　◇

　　弗麗嘉（Frigg）是奧丁的妻子，她通曉未來將會發生的事情，只是不把自己所知公諸於眾。她的宮殿被稱為「霧海之宮」（Fensalir），意謂著她親近靜止的水域。在石器時代早期，人們會把一些珍貴的物品埋在丹麥的沼澤裡，可能就是為了供奉弗麗嘉。弗麗嘉的名字在古英語裡被寫作 Fricg，英語中的星期五（Friday）便是以她命名。弗蕾亞的聲名在斯堪地那維亞之外並不為人所知，所以在盎格魯—撒克遜英格蘭，性愛是和

弗麗嘉（Frigg）

- 最重要的女性神祇。
- 愛情和婚姻的守護神。
- 特徵：知曉全部命運。據說也有一件羽毛飛行斗篷。
- 宮殿：「霧海之宮」。
- 奧丁之妻，巴德爾之母。她的侍女名叫芙拉（Fulla）。

弗麗嘉緊密相連的。

　　希芙是索爾的妻子，擁有一頭美豔超群的金髮。洛基一度將她的金髮盜走——偷盜的具體過程我們並不清楚，但他暗示自己曾和希芙同床共枕，或許這便讓他有了得手的機會。希芙失去金髮，泣涕漣漣，洛基為了補償，還給她一頂由矮人打造的金絲。這頂假髮立刻植入希芙頭上，甚至比原本的真髮更加漂亮。因此，「希芙的頭髮」這個複合詞隱喻指的是黃金。

　　伊都娜是布拉吉的妻子，她守護著令人永保青春的蘋果。諸神需要常常食用這些蘋果，才能保持青春活力。有一次，她和蘋果被一個狡猾的巨人拐走了（參見第三章），諸神很快就變得衰老虛弱。和往常一樣，造成這一局面的正是洛基，他不得不憑藉一貫的機敏來彌補自己的過失。

　　葛馮女神曾經偽裝成漫遊者，前去拜訪瑞典古魯菲國王。作為「取悅國王的獎賞」，古魯菲許給她一片土地——大小相當於四頭公牛在一日一夜間能夠犁出的範圍。這本該是一個面積可觀的農場，但實際上，葛馮派出了她的四個巨人兒子。他們變成了公牛，24 小時拉犁不休，最終在古魯菲的領

葛馮的巨人兒子們變成了 4 頭公牛，在葛馮的驅使下拉犁，創造了丹麥的
西蘭島。安德斯·本果（Anders Bundgaard）為哥本哈根的噴泉創作的雕像，
鑄造於 1897-1899 年。

土上刨出一個大洞。這個大洞就是現在瑞典的第三大湖梅拉倫
湖（Lake Mälaren），被他們拖走的土地則形成丹麥的西蘭島
（Sjælland），是哥本哈根現在的所在地。斯諾里說，葛馮是
名處女，也是處女的守護神，但這和她有四個巨人兒子的說法
並不相符。據說葛馮擁有和弗麗嘉相同的神力，也通曉命運。

　　女巨人絲卡蒂（Skaði）具有戰士之能，是狩獵和滑雪之神。
她的宮殿叫做「索列姆之家」（Þrymheimr）──索列姆是一個
巨人──這座宮殿是她的父親夏基（Djazi）傳給她的。

　　夏基死於諸神之手後，絲卡蒂全副武裝、劍拔弩張地衝進神
域，為夏基之死索要賠償（參見第三章）。當此情形，諸神好
言相勸，同意讓她選一位神當丈夫作為補償。不過有個條件：
當她選擇時，所有候選人都要藏身於帳幕之後，只露出腳來。
她最終選擇海神尼奧爾德，顯然是因為他的腳格外潔白乾淨！

絲卡蒂住在山間，踩著雪橇打獵。H.L.M. 1901 年繪。

絲卡蒂本來打算贏得巴德爾為丈夫，因而不太高興，然而在洛基的勸慰下，絲卡蒂表示只要洛基能把她逗笑，她就願意接受現實。滿臉愁容的絲卡蒂無心玩笑，但洛基找來一頭山羊，用羊鬍子把山羊綁在他的睪丸上，讓雙方角力，「雙方都發出了驚天慘叫」，斯諾里寫道。洛基跌坐在絲卡蒂的大腿上，終於把她逗笑了。雖然這場帶有色情意謂的滑稽表演奏效了，但我們將會看到，絲卡蒂和尼奧爾德的婚姻並不幸福。

芙拉是弗麗嘉的侍女，秀髮披肩，負責為女神掌管鞋子。芙拉是位古老的女神；在一段 10 世紀的古高地德語咒語中，就已經出現了她的名字。

既然我們已經介紹了所有的神祇，現在就來看看有他們出場

的神話。下一章,我們將從時間的開端談起,講述諸神的源起和世界的創造。

諸神之咒

在被稱為「梅澤堡咒語之二」(Second Merseburg Charm)的咒語中,出現了巴德爾、沃頓、弗麗嘉和芙拉的名字。咒語還提到了幾個不知名的人物:菲爾(Phol)、辛斯加特(Sinthgut)和蘇娜(Sunna)。菲爾和沃頓正騎馬前往樹林,這時巴德爾的馬匹扭傷了腳。女神和沃頓一起向馬施咒,讓「骨與骨、血與血、關節與關節」相連。咒語不僅治好馬腳,字裡行間還暗示,同樣一段咒語對其他生物也有療效。這段短短的故事包含了人們對神話的記憶,讓我們在現今仍可追想諸神咒到病除的靈驗事蹟。

弗麗嘉與她的侍女們,及巴德爾、奧丁一起照料巴德爾受傷的馬匹。埃米爾‧多普勒 1905 年繪。

2

創造世界

開天闢地 ✗

初始之時住著巨人尤彌爾，
沙礫不存，海洋不在，遑論清涼波濤；
腳下沒有土地，頭頂並無天空，
只有一道混沌的鴻溝，無處生寸草。

包爾之子讓大地升起，
造就了光輝的中土（Midgard）。

——————————————— 〈女先知的預言〉第 3-4 節

　　在世界初創之前，除了無底深淵金倫加鴻溝（ginnunga gap）之外，一無所有。想要在這樣一片空無之中創造世界並不容易。創世之神必須足智多謀，能夠憑空造出世界；他們還要有足夠的資源建設自己所創的世界。猶太─基督教的上帝透過聖言（Logos）造出世界。當神下令「要有光」，便有了光，後來的創世過程也由神的話語推動。在其他創世神話中，為世

界賦予生命的是女神；天空和大地連成一片，從這混沌之中生出萬物。古代北歐至少流傳著 3 則創世神話；每個版本的故事都有所不同，代表流傳過程中各異的想像方式。上述引言的版本就聲稱，是由包爾（Burr）之子——奧丁、威利（Vili）、菲（Vé）——從金倫加鴻溝升起大地。〈女先知的預言〉後面的詩行寫道，嶙峋的大地上長出鬱鬱青蔥（蔥被認為是瑞草），塑造世界的任務似乎就此結束。

斯諾里以中世紀的科學理論為基礎，提出自己的詮釋。他說，創世始於兩種極端事物的融合。他告訴我們，金倫加鴻溝位於北方：一條叫做艾利沃格斯（Élivágar）的河流裡流淌著毒液，毒液凝固成冰霜，造就了這道冰封的深淵。火焰國（Muspellsheimr）位於南方，是火焰巨人蘇爾特爾（Surtr）的領土。當火花從火焰國升騰而起，落在金倫加鴻溝的冰霜之上，霜雪便開始消融。火焰的乾燥、熱力和冰霜的寒冷、濕潤結合在一起，由此產生了生命，化成一個男性。他的名字既叫做奧格米爾（Aurgelmir），也叫做尤彌爾（Ymir），是冰霜巨人的始祖。他在熟睡之中淌下汗水，於是一男一女兩個人類從他的腋下蹦了出來。從他的雙腳中也生出一個後代，他們成了第一代巨人。

上面的故事並沒有說清楚大地的由來：到底大地是被包爾的兒子們從深淵中召喚出來的，還是他們跳下深淵把它抬上來呢？然而，北歐傳說還提供第二種創世的方法，這是種涉及暴力和肢解的創世方式。包爾的兒子們按住冰霜巨人尤彌爾，並殺死他，用他的肢體創造世界的各個部分。〈格里姆尼爾之歌〉

包爾的兒子們從原初的深淵中舉起大地，創造
世界。勞倫斯‧弗洛里希（Lorenz Frolich）
1895 年繪。

（*Grímnismál*）寫道：

（眾神）用尤彌爾的肉體造出大地，
將他的鮮血化作海洋，
以白骨為山、毛髮為草木，
把他的顱骨變成了天穹。

體貼的眾神用巨人的眼睫毛，
為人類的子孫造出中土；
沉鬱的陰雲全都由他的腦子
蘊化而出。

〈格里姆尼爾之歌〉第 40-41 節

初始母牛歐德姆布拉從冰
中將包爾舔舐而出。出自
18 世紀冰島手抄本。

巨型母牛

一頭喚作歐德姆布拉（Auðhumla）的巨型母牛從冰中出現，
她用奶水滋養尤彌爾。她舔舐被冰雪覆蓋的岩石來獲取鹽
分。舔著舔著，裡面現出一個英俊而強壯的人物，名叫布利
（Búri）。布利是博爾（Borr，包爾的另一個名字）的父親，博
爾則生下奧丁、威利和菲。歐德姆布拉後來有何遭遇，我們
不得而知。或許她四處周遊去了，在新出現的大地上啃食發
芽的嫩草。歐德姆布拉可能另外留下一些後裔，因為後來有
故事提到對前基督教時期的國王至關重要的聖牛。

　　因此人類生活的世界「中土」（Miðgarðr）就是由被害者的軀體築成，其過程充滿殘暴，完全是男性化的創造行為。北歐神話主要是從阿薩神（即男神）的視角書寫。在創世過程中，他們攫取了賦予生命、滋生繁衍的力量，而這些力量通常屬於女性所有。這些男神和女神不同，不能從自身生出創世所需的材料，因此不得不就地取材。他們將攻擊性織入世界的本質，為神與人類帶來暴力，還肯定暴力。我們並不清楚這個版本的創世神話是否更古老，也不知道它是不是早期石器時代，甚或維京時期連年戰爭的文化產物，但〈女先知的預言〉所重述的創造過程更和平（儘管依然專屬於男性），大地從海中升起——這或許有重大的意義。現今，人們認為〈女先知的預言〉創作於 1000 年左右，那時基督教思想已深深滲入北歐神話的思想之中。

界定時間 ⚔

　　世界始創，天地初分，諸神開始規劃天體的運行。太陽、月亮和星辰似乎已經成形，但還沒有人為它們指定天空的星軌。諸神肅穆地聚在一起，將時間劃分開來：

他們把名字賦予夜晚和她的子女，
早晨和中午也獲得了稱呼，
還有下午和晚上，日日夜夜便成了年。

―――――――――――――――〈女先知的預言〉第 6 節，第 5-10 行

青銅時代的太陽戰車模型，可以追溯到西元前 1800 至前 1600 年。出自丹麥的特隆赫姆（Trundholm）。

對於太陽和月亮，人們有著不同的想像。有種傳說講到，日月之所以在天空疾馳而過，是因為有兩頭惡狼沿著軌道追趕；這兩頭狼可能就是魔狼芬里爾的化身，牠將在諸神黃昏追上日月並吞噬它們。在另一種傳說裡，這些天體都由戰車載著劃過天際。兩名御者分別以日、夜為名，而駕車的兩匹天馬各叫「光鬃」（Skínfaxi）和「霜鬃」（Hrímfaxi）。諸神定下時序，便要承受此前未能預料的後果。過去、現在和未來的出現，帶來不確定性，也讓諸神喪失一些權力。這是因為，諸神只是冰霜巨人第三、四代的後裔。巨人比諸神擁有更久遠、更清楚的記憶，小心翼翼地守護著這些知識。諸神並不擅長預測未來；女先知和某些巨人比絕大多數阿薩神都更清楚未來。儘管人們傳說葛馮和弗麗嘉女神通曉命運，但她們從不揭露所知的內容。奧丁

長期致力於探索未來，想要搜尋有關諸神黃昏的具體細節，或許還想知道是否可以避免末日的到來。我們將在第六章講到奧丁的探索。

　　有了循環往復的時間體系（日夜交替出現、一年周而復始，創造與毀滅構成更大的迴圈──開天闢地、諸神黃昏及重生），諸神也迎來命運的降臨：個人和群體未來會有怎樣的遭遇，或許有誰可以事先預見，卻無法阻止事情發生。諸神自己也受到命運的支配，必須服從它的法則。

神話地理 ◇

　　時間和空間被確定後，我們就能描述北歐神話宇宙的地理環境了。世界之樹位於中央。這棵巨大的梣樹用樹根──通常認為有 3 條──劃分出世界的不同區域。

在世界之樹的灰燼下，
伸出三條樹根，方向各不相同；
一條下面住著冥界女神海拉，第二條下有冰霜巨人，
而在第三條樹根下，便是人界。

──────────────────────── 〈格里姆尼爾之歌〉第 31 節

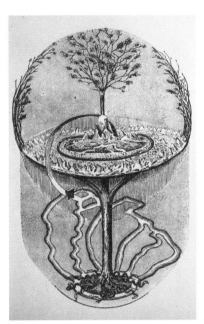

北歐神話中的宇宙透視圖。世界之樹穿過群集於樹根周圍的神域、人界、巨人國和冥界而向上生長。出自帕西主教（Bishop Percy）1847 年的《北歐舊事》（*Northern Antiquities*）。

斯諾里同意，冥界的位置是在一條樹根的下面，冥界稱為「霧之國」（Niflheimr），由洛基的女兒海拉統治；第二條樹根伸入從前金倫加鴻溝的位置，即冰霜巨人的冰雪之地；然而，他用「神域」（Ásgarðr）取代了「人界」。人界叫做「中土」，是中心的所在。古英語 Middangeard 一詞，意為「大地」，就是從它演變而來。人界處在天堂和地獄之間，這與基督教的世界觀恰好一致──可與 J. R. R. 托爾金（J. R. R. Tolkien）小說的「中土大陸」（Middle Earth）相對照。儘管據說這些不同世界在低於地面的樹下，但神域和巨人國（Jötunheimar）也被想成是在地表之上的疆域：巨人國占據山巒起伏的東方。神域則是

宇宙中心；奧丁的英靈殿（Valhöll）就在神域裡，坐落在世界之樹下方。一隻叫做海德倫（Heiðrún）的山羊站在英靈殿的屋頂上，咀嚼著栲樹的樹葉。從山羊乳房中源源不斷流出蜜酒，供住在英靈殿的英靈戰士開懷暢飲。

　　海德倫並不是世界之樹上唯一的動物。世界之樹「Yggdrasill」的意思是「恐怖者的駿馬」，這一綽號來自奧丁自我獻祭的故事（參見第一章）。在日耳曼人的思維裡，長久以來有一種譬喻，那就是吊在絞刑架上的犯人像是騎馬般騎在絞刑架上。在世界之樹繁茂的樹冠上，有4頭公鹿採擷著嫩葉。在樹的底下，有一窩蟒蛇在啃咬樹根。一隻雄鷹高踞樹頂，牠的雙眼之間棲息著一隻隼。還有一隻以形象的擬聲詞命名，叫做拉塔托斯克（Ratatöskr）的松鼠沿著樹幹上下奔跑，在不同的世界之間傳遞消息。在那群蟒蛇中，住著世界上最可怕的生物：惡龍尼德霍格（Níðhöggr，意思是恐怖的啃噬者），牠有時會展翼飛翔，穿過神話世界，並帶來恐怖的徵兆。這些生靈齊心協力摧折著世界之樹，象徵時間所帶來的侵蝕。世界之樹象徵宇宙的中軸，萬事萬物都繞著它旋轉，而它的精髓每分每秒都遭到破壞。儘管雄鹿的形象如此高貴，山羊會分泌滋養的蜜酒，但牠們還是耗損世界之樹，只是不像毒蛇那麼顯而易見罷了。

　　在世界之樹的樹冠下，還蔭庇著密彌爾之泉（參見第94頁），或許它正是那口旁邊住著命運三女神的泉眼。閃亮的白泥從樹上淌下，顯然是落在海姆達爾身上，因為我們知道洛基奚落海姆達爾「脊背骯髒」。據說，這口井裡存有海姆達爾的聽力和奧丁的一隻眼睛。奧丁以一眼換取啜飲泉水的機會。雖

山羊海德倫站在英靈殿的屋頂上，咀嚼著世界之樹的葉子。旁邊放著一個容器，用來盛裝從山羊乳房流出的蜜酒。出自 18 世紀冰島手抄本。

三位命運女神

在世界之樹下，有座宮殿或是泉眼（還有人猜它是泉眼畔的一座宮殿）。裡面住著三位命運女神：烏爾德（Urðr）、薇兒丹蒂（Verðandi）和詩寇蒂（Skuld）；據說，她們會切削木片，在上面刻下眾生的命運。烏爾德這個名字十分古老，和古英語中的「命運」（wyrd）有所關聯，後來演變為現代英語的 weird。薇兒丹蒂則代表現在，因為她的名字就是「成為」（becoming）這個現在分詞，而詩寇蒂似乎和具有未來意謂的「必為」（must-be）有關。我們將在第四、五章看到，堅忍地接受命運是英雄完成宿命的必經之路。

世界之樹的動物：鷹和隼棲息在樹頂，4 頭
雄鹿分處四方，松鼠拉塔托斯克位於樹根上
方的左側，惡龍尼格霍德在下方啃咬樹根。
出自 18 世紀冰島手抄本。

然神獻出兩樣重要的器官，但它們卻近在咫尺，仍有可能物歸
原主（第三樣則是提爾的手，它被芬里爾咬斷並立刻吞下，因
此再無復原的可能）。有鑑於獻祭的邏輯就是犧牲某些東西以
換取更好更棒的獎賞，海姆達爾之所以擁有敏銳的聽覺，還有
奧丁的「深見」（以一隻眼睛的看不見換取更具深見的洞察力）
可能都要歸功於密彌爾之泉的力量。

超自然女性：諾倫（Norns）和狄絲（Dísir）

一些超自然的女性人物都和命運有關。諾倫的職能各不相同：有的充滿敵意；有的會幫助產婦分娩；有的則為新生兒定下命運。英雄常在臨死時說起「諾倫女神的裁決」，意識到大限將至。狄絲是一群幽魂，她們被認為是女性祖靈，會把死亡帶給君主和英雄。在一則冰島故事中，一個年輕的男人被警告不要在某晚踏進農場，但他還是去了。他看到 9 個穿著深色衣服的女人和 9 個穿著白色衣服的女人飄在空中，分別象徵著舊式信仰和新的基督教信仰。他想返回農舍，把自己的所見所聞告訴大家，但在途中遭受黑衣女的襲擊，挨到說完自己的經歷，他就一命嗚呼了。一名挪威預言家指出，那些黑衣女就是守護這個家庭和農莊的狄絲。基督教普及之後，她們就棄別了自己的家族後裔。

諾倫三女神，決定命運的超自然女性，住在世界之樹下的泉眼旁邊。
勞倫斯‧弗洛里希 1895 年繪。

在格陵蘭的布拉塔利德重建紅髮埃里克的長屋。人們認為，北歐諸神就住在
類似這樣的宮殿裡。

除了英靈殿及其周邊地區，每位神都有各自的宮殿，是其權
威和統治的地方；就像維京時代的酋長大廳，瑞典的烏普薩拉
古城和丹麥的萊爾都曾有酋長長屋的遺跡出土，甚至在格陵蘭
的布拉塔利德（Brattahlíð），最近還重建「紅髮埃里克」（Eiríkr
the Red，譯註：發現格陵蘭的維京探險家）的長屋。奧丁在〈格里姆
尼爾之歌〉中列出 12 座這樣的宮殿，每座都屬某神專有。這
些建築的名字包含著光明、輝煌、喜悅之意，或是和神祇的特
徵有關，例如弓箭之神烏勒爾住在紫杉谷，而紫杉木正是製弓
的上選之材。奧丁的描述讓我們可以暢想諸神在宮殿的日常生
活：他們飲酒作樂、做出裁決、撫平爭端、縱馬馳騁，還有一
件不祥之事──選擇要讓何人死亡（這項神職就如同人們會為
首領徵召隨從一樣）。

在巨人生活的國度之外，環繞著茫茫大海。已知的世界在
海洋的邊緣中止，那裡臥著一條「中庭巨蟒」，叫做耶夢加德
（Jörmungandr）。這條龐然大物在此等著與索爾進行終極之

戰。海洋深處住著海神埃吉爾（Ægir），我們並不清楚他的身分，他可能是巨人，也可能是神。他的妻子叫做瀾（Rán，意思是搶劫）——英語搶劫（ransack）一詞的詞根。瀾索取人類的生命，她用網把人逮住，將他們拖到海洋深處。她和埃吉爾所生的女兒就是波濤。有時，波濤只是溫婉地探頭張望；有時，她們變得十分危險地俯視船隻，想要將它們拍得粉碎。

　　由於威脅船員生命的是埃吉爾的妻女，因此海洋中的死神也是女神，這和整個文化的觀念是一致的：從女武神到狄絲，再到諾倫和冥界之主海拉，死神都被想成是名熱情的女子。她渴慕著大限將至的男子，想讓他在死後的世界裡成為自己的愛人，盼望用自己致命的擁抱把他摟在懷裡。既然女性能夠賦予生命，她們也會站在生命的終點，等著難逃一死的男性投入臂彎。偉大的 10 世紀冰島詩人埃吉爾‧斯卡拉格里姆松（Egill Skalla-Grímsson）在其〈喪子哀歌〉（Sonatorrek）最後，正是這樣結尾的：

如今該我面對艱辛；
奧丁仇敵的姐妹（作者註：奧丁仇敵＝芬里爾；芬里爾的姐妹＝海拉）
站在海角；
然而我依然心懷喜悅與希望，
無憂無怖地等待
死神海拉。

〈喪子哀歌〉第 25 節

重建的 19 世紀丹麥巡防艦日德蘭號（Jylland），船首像雕的就是海后瀾。

創建文化 ⚭

我們上次提到諸神時，世界新創，日夜剛剛有了軌道，開始在天空穿行。要讓這個全新的綠色世界變得適宜諸神居住，還有不少工作要做：

諸神齊聚在伊達沃平原（Idavoll Plain）上，
把祭壇和神廟建得高高；
他們架起熔爐鍛造珍寶，
鉗子與器具也冶煉製好。

——————————————————〈女先知的預言〉第 7 節

　　一旦供奉諸神的神殿完工，他們就開始用豐富的貴重金屬來鍛造工具。或許就是在建造宗教中心和工廠作坊的過程中，文明萌芽了，就像在維京時代的城鎮裡發生的那樣，例如瑞典的比爾卡（Birka）和現屬德國北部的赫德比（Hedeby）。除此之外，阿薩神也會為自己打造奢華物件。他們在完成工作後，悠然享受清閒的時光：

他們在草地上下棋自娛，盡情歡樂，
永無缺乏黃金的憂慮。
直到三個女巨人到來，
孔武有力的她們出身巨人國。

———————————————————〈女先知的預言〉第 8 節

　　請記住這裡提到的棋——後來它們將有重大的意義。「直到」一詞至關重要，卻又撲朔迷離：「直到」女巨人一來，諸神召開緊急會議，決定創造矮人來應對突然出現的黃金短缺。這是因為矮人生活在地下；他們在地底製作出種種黃金珍玩，讓諸神垂涎不已，情願為之付出大筆酬勞。這 3 個女巨人到底做了什麼，才會導致黃金突然短缺？她們是否透過棋局贏走黃金？是否有誰怒氣上湧掀翻棋盤，從而弄丟棋子？女巨人絲卡蒂可以衝進神域，為父親夏基的死亡索取賠償；那麼，這些女巨人同樣也可以為先祖尤彌爾之死索賠。無論如何，至少有一件事是可以確定的：在女巨人抵達後，黃金時代就終結了。

　　諸神迅速造出矮人——斯諾里告訴我們，矮人就像肉中的蛆蟲一樣，從土裡長出。這個比喻雖然噁心，但很生動。斯諾里還從〈女先知的預言〉摘錄列出所有矮人的姓名。

托爾金筆下的矮人姓名

在托爾金的《哈比人》（*The Habbit*）裡，矮人的名字絕大多數都是從〈女先知的預言〉選取的：德瓦林（Dvalinn）、歐音（Óin）、葛羅音（Glóin）、菲力（Fíli）、奇力（Kíli）、朵力（Dori）、諾力（Nori）、歐力（Ori）、畢佛（Bifur）、波佛（Bofur）和龐伯（Bombur）。在比爾博（Bilbo）的哈比人茶會上，席間賓客與上述全部姓氏都有所對應。矮人的首領索林・橡木盾（Thorin Oakenshield）被光榮地賦予了雙重矮人姓名。都靈（Durinn）和索恩（Thrain）也是傳統的北歐矮人姓名，可以追溯到矮人的祖先。甘道夫（Gandálfr）這名字也在〈女先知的預言〉以矮人的姓名出現過，它的意思是「有魔杖的精靈」，因而托爾金覺得這個名字更適合巫師：灰袍甘道夫。

矮人鍛造雷神之鎚。在畫面的前景裡，還可以看到奧丁的永恆之槍、金鬃野豬、神船和黃金指環。索爾注視著鍛造的過程，露出贊許的神情。埃爾默‧博伊德‧史密斯 1902 年繪。

　　矮人生活在地底或是岩石之中。他們辛勤地鍛造金屬，製作出種種珍寶。諸神的至寶之中，有好幾樣都是由矮人打造的：如弗雷那艘可折疊的船，叫做斯吉德布拉德尼爾；洛基盜走希芙的金髮後賠給她的金絲；以及奧丁的永恆之槍。這些都是由伊瓦爾（Ívaldi）一對兒子製造。還有個叫做勃洛克（Brokkr）的矮人和洛基打賭，聲稱他們兄弟倆可以打造出三樣同等珍貴的寶物；若是他們贏了，洛基就得賠上人頭。這場比拚難分高下，勃洛克兄弟確實做了三件寶貝：第一件是金鬃野豬，後來成了弗雷的坐騎（以此照顧華納神族的利益）；第二件是黃金指環（Draupnir），每隔八夜就會複製出八個同等重量的金戒指，後來獻給奧丁；第三件便是索爾的雷神之鎚。洛基費盡心機想要干擾鍛造的過程。他把自己變成嚶嗡作響的馬蠅，衝著

來自丹麥斯納頓（Snaptun）的洛基人面石刻（約 1000 年）。可以清楚看到，洛基的嘴脣上有針線貫穿的痕跡。

矮人工匠又叮又咬。他們一直堅持，不去理會這隻縈繞不去的害蟲，可在打造最後一件作品時，終於還是失敗了。雖然只分神一瞬間，卻足以造成缺陷，使得雷神之鎚的鎚柄短了一點點。儘管如此，諸神依然認為雷神之鎚的確是消滅巨人的神器，裁判勃洛克贏得賭局，洛基應當交出自己的頭顱。然而，這位狡點的神逃脫了必死的命運——他規定勃洛克可以取走他的頭，但不能碰到他的脖子。就算矮人心靈手巧，也沒法滿足這種條件，洛基因而免於一死。但勃洛克還是換種方式懲罰洛基。他把洛基的嘴縫起來，這樣洛基就不能繼續花言巧語。從此之後，洛基的嘴巴就歪了。考慮到他的綽號就是「壞嘴之神」（rœgjandi goðanna），這番形象真是再適合不過了。

弗蕾亞發現矮人們正在鍛造布里辛嘉曼項鍊。路易士・哈爾德（Louis Huard）1891 年繪。

　　另一則非常晚近的故事（可以追溯到 14 世紀）講述弗蕾亞獲得人人稱羨的珍寶「布里辛嘉曼項鍊」的過程，其中還提到弗蕾亞是奧丁的情人。這天，弗蕾亞路過矮人居住的岩石，看見石門沒有關上，便走了進去。石頭裡有 4 個矮人，德瓦林也在其中（見於其他資料）；他們正在打造一條精美絕倫的金項鍊。講故事的人說：「弗蕾亞很喜歡項鍊的樣式，而矮人們很喜歡弗蕾亞的模樣。」女神提出用大筆金銀交換布里辛嘉曼項鍊，但矮人們堅持價碼，要求弗蕾亞必須陪他們每人共度一夜。弗蕾亞勉強同意了。4 夜過後，項鍊便歸她所有。

　　奧丁派洛基去偷這件寶貝。弗蕾亞的閨房密不透風，洛基變

成一隻嗡嗡叫的蒼蠅，這才飛了進去。弗蕾亞正在睡覺，脖子上還戴著她的新首飾，扣環正好被壓在身體下。於是，洛基變成跳蚤，控制好力道咬了弗蕾亞一口，恰巧能讓她翻身又不會弄醒她。弗蕾亞在睡夢中換了姿勢，布里辛嘉曼項鍊立刻落入洛基手中，隨後交給奧丁。弗蕾亞去找奧丁告狀，抱怨有人偷走她的項鍊，緊鎖的閨房（顯然是一種性隱喻）遭到入侵。奧丁答應把項鍊還給她，不過有個條件：弗蕾亞必須挑起兩軍之間永恆的衝突，也就是傳說中的赫定人之戰（Hjaðningavíg），這個故事會在第五章講到。弗蕾亞答應了，項鍊回到她的手中。這則晚近的故事結合兩個古老的傳說——洛基盜取布里辛嘉曼項鍊和赫定人之戰，並把它們融入基督化的嶄新架構之中。本來這場戰爭會永遠打下去，直到諸神黃昏方能結束，因為死去的戰士每晚會被希爾德（Hildr，意思是戰爭）這名女子復活。然而，在這個版本裡，奧丁預言，偉大的基督教國王挪威王奧拉夫一世（Óláfr Tryggvason）將會終結此戰。他將前往奧克尼群島，為這場爭端畫上句號。

最偉大的鐵匠 ✕

　　矮人們技藝高超，鍛造出種種魔法珍寶供諸神使用，但還有一名鐵匠，雖然並非矮人，卻擁有同樣神奇的技巧。他因手藝精湛而聲名遠播，在斯堪地那維亞、不列顛和日耳曼都可聽聞他的盛名。這名鐵匠叫做伏爾隆德（Völundr），英語中寫作

Wayland，德語寫作 Wieland。他的故事在埃達詩歌流傳，據說他曾經是一名「精靈王子」。伏爾隆德娶了天鵝仙女三姐妹其中一女為妻，並鍛造數百枚戒指。天鵝新娘與他相伴九個冬季後，便展翅飛走了。伏爾隆德出門尋找妻子，尼德烏德國王（King Níðuðr）卻趁他不在的時候派人馬衝進他的住處，偷走一枚指環。伏爾隆德回家後，數了數戒指，發現少了一個，以為是妻子回來了。他放鬆警惕，陷入沉睡，結果被尼德烏德的部隊輕鬆擄獲。伏爾隆德被押去面見國王，俘虜眼中凶狠的神色惹惱了多疑的王后，王后下令：「割斷他強而有力的肌腱／然後把他關在塞瓦斯塔德島（Sævarstaðr）上！」（〈伏爾隆德之歌〉第 17 節）。鐵匠的故事也在古英語詩歌留存，旁徵博引的〈提奧〉是這樣告訴我們的：

維蘭德陷入群蟒環伺，
首次知曉了厄運滋味。
單純的戰士歷盡艱險，
哀愁與思念常伴身邊，
處境艱難冰冷如冬日，
悲傷苦痛時時現心間。
皆因尼德烏德相逼迫，
割斷英雄的靈活肌腱。

〈提奧〉第 1 節

伏爾隆德被割斷腿的肌腱，囚禁在小島上，被俘虜他的人所奴役，打造出首飾、酒杯和武器等無數珍寶。後來，伏爾隆

德逆轉局勢。尼德烏德國王有兩個兒子,好奇心十分旺盛。他們坐船來小島想看看鐵匠如何工作,順便也欣賞一下珍寶。於是,伏爾隆德請兩位王子下次再來,並不要讓別人知道。等到王子們再度來訪時,伏爾隆德便殺了他們,用部分屍體做成裝飾品。古諾斯語的顱骨寫作 skálar,與酒碗一詞形態相似,和現代冰島語中的「乾杯」(skál)也有接近之處:

他砍下了兩個男孩的頭,
把四肢埋在熔爐下的泥土中;
曾被頭髮覆蓋的腦袋,
鑲刻上白銀送給尼德烏德。

他們的眼睛被製成寶石,
送給尼德烏德奸詐的妻子;
兩個孩子的牙齒
被鍛打成圓圓的胸針,送給了布德維爾德(Böðvildr)。

──────────────────────── 〈伏爾隆德之歌〉第 24-25 節

　　兩位王子的姐姐布德維爾德,也去拜訪了伏爾隆德。她帶來一枚被她弄壞的戒指,正是那枚屬於伏爾隆德妻子的戒指。伏爾隆德表示可以把它修好,可他一邊鍛造,一邊拿酒灌醉公主,並占有了她(原文沒有說明是強暴或誘姦)。布德維爾德公主哭著離開小島。伏爾隆德拿回了戒指後,不知怎地獲得逃脫的能力。他飛離小島,只在王宮稍作停留,為了與尼德烏德國王對質,向他揭露可怕的真相。在古英語史詩中,布德維爾

德公主遭受雙重的打擊，不僅是因為兩個弟弟被殺，更因發現自己懷有身孕：

> 兄弟之死固然令人傷懷，
> 布德維爾德也遭逢不幸，
> 與之相比甚至更加可悲。
> 她清楚自己已懷上身孕，
> 該如何行動卻無法決定。

——〈提奧〉第 2 節

在埃達詩歌的最後，哭泣的布德維爾德向父王吐實，故事便結束了。傳奇後面講了伏爾隆德——這裡叫做「維蘭德」（Vélent）——的回歸：他帶著軍隊殺回，打敗尼德烏德，娶了布德維爾德為妻：他們生下的兒子後來成了著名的日耳曼英雄。在古英語史詩中，這個故事以深奧難解的疊句結尾：「那些都過去了，這件事也會一樣吧。」（þæs ofereode, þisses swa mæg.）想到過去的悲慘後來都變成了幸福，自稱提奧（Deor，意思是親愛的或動物）的詩人從中為自身的艱難困境尋到慰藉。

伏爾隆德的古英語名 Weland 成了技藝精湛的代名詞。在《貝武夫》中，英雄身上的鏈甲被誇為「維蘭德的傑作」（Welandes geweorc）。南牛津郡的山脊路上有座新石器時代的古墓，被稱為「維蘭德的鐵匠作坊」。當地人傳說，如果你把馬和一枚銀便士留在那裡，維蘭德就會幫你做成馬鐙。

8世紀盎格魯—撒克遜的「弗蘭克之匣」，匣上畫著鐵匠伏爾隆德。落腮鬍鐵匠把一杯啤酒遞給布德維爾德。在熔爐底下，藏著一具她弟弟的屍體。

弗蘭克之匣（Franks Casket）

弗蘭克之匣是以鯨骨雕刻的匣子，製作於8世紀。匣子正面描繪上述這段傳說。四周以盧恩符文裝飾，內容是一則謎語，謎底是匣子的材質。中間的圖案則是伏爾隆德蓄著落腮鬍，雙腿微曲（因為腿的肌腱被砍斷）。他把那杯致命的酒遞給布德維爾德公主，而侍女則面無表情地注視一切。在熔爐下面，可以看到一具屍體，伏爾隆德用鉗子打造珍寶。畫面右邊的男人顯然正掐著幾隻鳥的脖子。他到底在做什麼，英國傳說和埃達故事都沒有提及。這個故事還有一個晚近的北歐散文版本《斯德雷克傳奇》（Þiðreks Saga）。故事中說，伏爾隆德得到兄弟的營救，幫他做出一對翅膀，如同希臘工匠戴德勒斯（Daedalus）的遭遇（譯註：戴德勒斯用羽毛和蠟做出一對翅膀，結果因為太接近太陽而融化）。這或許解釋了伏爾隆德為何突然有飛翔的能力。

被稱為「維蘭德的鐵匠作坊」的新石器時代長墳古墓，位於牛津郡的山脊路附近。

人爲什麼是樹？ ◇

　　諸神掌管著整個世界，與矮人、巨人、精靈（我們對精靈所知甚少）和幾頭魔獸——洛基和女巨人安格爾波達的後裔——分享著同一片天地。到目前為止，還沒有人類出現；沒有人類崇拜神，也沒人類向神獻祭。有一天，奧丁、霍尼爾（Hœnir）和洛德爾（Lóðurr）三神一起出門散步，可能是走在海邊。他們發現一些木頭，「毫無用處的／沒有生命的阿斯克（Askr）和恩布拉（Embla）」。這三位神覺得自己有責任給梣樹阿斯克和另一塊木材恩布拉（Embla 的含義不明，不過有時認為是榆樹）賦予形體。無生命的木頭被賜予成為人類所必備的要素：

奧丁給予呼吸，霍尼爾給予精魂，
洛德爾給予血，還有鮮活的膚色。

〈女先知的預言〉第 18 節

我們並不清楚洛德爾的身分，他只在這首詩裡出現過。斯諾里詳述三位神慷慨大方地賜給原始人類的禮贈，卻沒有提到造物者的姓名，只以「包爾的子孫」一語帶過：

第一位給了他們呼吸和生命，第二位賦予他們智慧與運動能力；第三位讓他們有了面容、言語、聽覺和視覺；他們還獲得姓名和衣物。

——————————————————————— 《欺騙古魯菲》第 23 章

洛德爾有時被認為就是洛基，主要是因為他們頭韻相似。霍尼爾被當作人質和華納神族做了交換（參見下文），但關於他的內容我們就只知道這些了。如此來歷不明的神祇居然能參與創造第一批人類，或許會令人感到驚訝，但這幾位神似乎都屬於第一代神祇，因此，就像奧林匹亞諸神之前的希臘神祇一樣，他們的個性特徵可能會隨著時間被人遺忘。另外，現存的北歐神話並不怎麼關注人類。就算索爾有一對人類侍從，神祇還是很少和人類打交道。只有奧丁為了讓他的英靈殿充滿英靈戰士，在諸神黃昏時和神祇並肩作戰，才會頻頻接觸最優秀的人類英雄。奧丁在他們面前出現，給予建議、提出警告，最終在最後一戰背棄他們。奧丁身為智慧的守護神，也會在人類之中遊歷，獲取各式各樣的知識——這些知識都收集在〈高人的箴言〉一詩中。在這首詩裡，奧丁獨自在人類世界旅行，學到種種真理：友誼益處良多，飲食需要適度等。奧丁在旅途中喜歡喬裝私訪，這使他在晚近的基督教故事中變成一個引誘者。他改頭換面接近虔誠的挪威國王，想要欺騙他們，讓他們做出

與基督信仰不符的舉動。

　　人們並未忘記，自己原本是由樹木塑造而來。這種比喻性的認知造就許多吟唱詩歌的複合詞隱喻法：人類總是被比作「武器之樹」或「戰爭之樹」等變體。女武神西格德里弗（Sigrdrífa）在提到英雄希格爾德時，稱他為「戰爭的蘋果樹」。這個比喻十分貼切，希格爾德有位祖先之所以能夠受孕，關鍵就是一顆魔法蘋果（參見第四章）。殺死匈丁國王（King Hundingr）的海爾吉（Helgi）是位年輕的王子，被稱為「一棵得天獨厚的榆樹」。女性也會被比作「樹」、「金枝」或「酒水之幹」，意思是指她們能夠提供美味佳餚。在吟唱詩歌中，指代女性的

引誘者奧丁

復活節之前，奧拉夫一世駕臨挪威北部的一座宮殿。宮殿中出現一個神祕的陌生人，為他講述舊日英雄和國王的故事，一直講到很晚。主教建議國王及時就寢，但國王還想多聽一些。等國王早上醒來，陌生人已經消失了，而國王差點就睡過頭，錯過彌撒。國王得知，陌生人在離開前去過廚房，無禮地批評了人們為復活節大餐所準備的肉類食材，並留下一塊肉作為替代。陌生人講過一則有關狄辛國王（King Dixin）的故事：這位遠古的統治者擁有一頭聖牛，死的時候還和牠合葬；這意謂著陌生人留下的那塊肉是來自一頭死了兩百年的牛。真是太噁心了！國王意識到，那位講述古老故事的引誘者不是別人，正是奧丁。奧丁想要引導國王偏離正軌，誘使他敬慕異教過去的人傑，並試圖讓他錯過彌撒。

複合詞隱喻法還有「海洋之火（即黃金）中最重要的白樺」或「葡萄酒橡樹」等等。女武神布倫希爾德被稱為「戴項鍊的樹」。在英雄詩歌中，希格爾德的妻子古德露恩（Guðrún）創造性地運用這一比喻，生動地描繪丈夫被謀殺後自己的悲苦：「我卑微如一片葉子／置身於月桂柳林之間，因為我的王子已經死去」；在她的後半生，她又為了失去親人而哀嘆：

我煢煢孑立如林中梣樹，
親屬凋零如杉樹的枝椏，
我的幸福被剝奪而去，就像樹木失去葉子，
在一個溫暖的日子裡遭遇了折枝辣手。

—————————〈哈姆迪爾之歌〉（*Lay of Hampir*）第 5 節

　　儘管樹木不能移動，但它們筆直強健，春花秋實年復一年；它們壽命漫長，但終將毀於疾病、戰火或伐木人的刀斧——用樹來比喻人，真是再合適不過了。樹象徵著人類的理想狀態：美麗、高貴、強大和忍耐。人類也被看作來自世界之樹的小小枝條，是世界之樹生發的梣樹幼苗，這一事實和神話之中和樹相關的概念更為強化相連。偉大的世界之樹像我們一樣會受到時間和死亡的威脅，然而它依然伸展枝幹，蔭庇著諸神和人類；而那些幼嫩的樹木，如上文中的古德露恩，就會枝斷葉折，最終枯朽。

華納神族的到來 ◇

　　另一神族——華納神族——出現時，神在神域似乎才剛剛安頓下來。華納神族可能是斯堪地那維亞當地的原始神祇，而阿薩神族才是隨著印歐人在青銅時代遷移至此的外來者。可是，想要判斷在北歐信仰中到底誰更優先，我們並沒有足夠的證據。不過，在我們的文獻中，阿薩神族明顯占有優勢地位，諸神的歷史也是以阿薩神族為中心。

　　古爾薇格（Gullveig）的出現預示了華納神族將會帶來怎樣的衝擊。古爾薇格是名女子，她不知怎地與阿薩神族起了衝突，結果被長矛刺穿，受火焰焚身：

……在至高者的殿堂裡他們將她焚燒
他們將她燒了三次，她又重生三次，
一遍又是一遍，可她卻依然活著。

—————————————————〈女先知的預言〉第 21 節

　　古爾薇格（Gullveig，意思是「金酒」）也被稱為「光明者」（Heiðr），據說她以這個名號四處走訪，教授賽德巫術。〈女先知的預言〉提到，由於這個原因，她尤其受到邪惡女人的歡迎。這個殺不死的女人到底是誰？其他文獻裡並沒有進一步的資訊。最合理的猜測是：古爾薇格正是弗蕾亞的化身。她並不是阿薩神族的一員，她具有重生的力量，還掌握禁忌的魔法：所有這些都指向華納神族的女性主神。斯諾里似乎也是這麼認

古爾薇格被長矛穿身，遭阿薩神火焚三次。勞倫斯‧弗洛里希1895年繪。

為的，所以他在《因格林傳奇》中把弗蕾亞塑造成獻祭者的形象，是她把賽德這種在華納神族間常見的巫術教給阿薩神族。阿薩神族和古爾薇格發生齟齬之後，很快召開會議，討論是否要把他們的祭品分享出去。他們否決了，於是便開啟世界第一場戰爭。奧丁將永恆之槍扔過阿薩神族軍隊的頭頂，這樣做能保佑他們刀槍不入。但華納神族都像古爾薇格一樣永生不死，因此兩神族進入談判。他們互相交換人質；尼奧爾德和他的兩個孩子作為華納神族的代表前往阿薩神族，與阿薩神族永遠一起生活。霍尼爾和密彌爾被派往華納海姆（Vanaheimr），但他們的旅居並不順利。密彌爾總是在議會上大發議論，可他要

是不在，霍尼爾就只會說「讓其他人決定吧」。華納神族覺得這筆交易虧大了，於是決定砍了密彌爾的腦袋，把它和霍尼爾一起送回阿薩神族。奧丁用防腐的藥草和魔法處理了密彌爾的頭顱，於是它可以和奧丁談話，為他揭示奧祕。

之後我們會看到，霍尼爾（這個名字很奇怪，把他和雞相連）在其他神話中出場並不多。密彌爾的頭顱似乎與世界之樹下方，寄存著奧丁一隻眼睛的那口井有關，奧丁還會不時向它討教。神話中還有人物叫做 Mímr 或 Hodd-mímir，不過他們到底是否為密彌爾的化身或是獨立的存有，我們並不清楚。克瓦希爾也是華納神族的一員，他也參與了人質交換。他的命運將在下一章交代。其他幾位華納神似乎融入新環境，適應新宮殿，滿足於司掌滋生繁衍這一特殊的神職。尼奧爾德是海員和漁民的守護神；證據記載在斯諾里的一首小詩裡，這首詩講述尼奧爾德和絲卡蒂婚姻破裂的故事：

尼奧爾德說：
我厭倦了起伏的山巒，
住在那裡不曾超過
九個夜晚；
狼嚎之聲
在我聽來實在可憎
無法和天鵝之歌相提並論。

絲卡蒂說：

在海邊的床榻上

因鳥兒的喧囂吵鬧

我無法入睡；

每天早上

喚醒我的是來自海洋的海鷗叫聲。

————————————————————《欺騙古魯菲》第 23 章

與華納神族交戰之前，奧丁在阿薩神族上方擲出永恆之槍，賜予這些神刀槍不入的能力。
勞倫斯‧弗洛里希 1895 年繪。

賽德：神祕的儀式

賽德究竟是怎樣一套魔法儀式，我們對此知之甚少。它可能是種靈性占卜，與生活在斯堪地那維亞北方的薩米人（Sámi）——拉普人（Lapps）——有關。洛基曾經嘲弄奧丁「擂起鼓來像女先知一樣」，顯示這是薩米人的一種儀式。通常是由女性施展賽德。《紅髮埃里克傳奇》（*Eiríks saga rauða*）中提到一名女先知，她戴著玻璃珠項鍊和貓皮手套，吃了一頓以動物心臟為主的大餐後，坐在特定的平臺上；她念誦著儀式性的咒語，預測格陵蘭某地的饑荒將於何時結束。如果男巫師想要施展賽德，似乎得換上女裝才行；但這種行為十分丟臉。一位挪威先王曾經因為懷疑 80 名這樣的巫師圖謀性命，把他們丟到岩礁（海中低平的礁石群）上活活淹死；他對這麼做毫不在意。

金髮哈拉爾國王把賽德巫師丟到岩礁上淹死。哈弗丹‧埃伊迪烏斯（Halfdan Egedius）1899 年繪。

頭戴海草王冠的尼奧爾德和牽著愛狼的絲卡蒂在討論他們之間的差異。弗里德里希·海涅（Friedrich Heine）1882 年繪。

　　在婚配方面，華納神族似乎受到了歧視。弗蕾亞應該是高攀了；她的丈夫形象不明，應是阿薩神族，名叫奧德爾（Óðr），有可能是奧丁的分身。他一直外出遠行，弗蕾亞因思念落淚，淚水化作黃金（吟唱詩歌中經常用複合詞隱喻法「弗蕾亞的眼淚」來指代黃金）。弗雷長期未能覓得佳偶，直至和女巨人吉爾達陷入愛河（參見第三章）。尼奧爾德也只能和絲卡蒂相看兩厭。斯諾里告訴我們，在他們勞燕分飛之後，絲卡蒂和奧丁生下許多子孫。其中薩明（Sæmingr）就是挪威重要統治者哈康伯爵（Jarl Hákon）的祖先。

　　在這一章裡，諸神生活的世界已創建了，也有了世界的運轉規則和可供穿行的宇宙空間。下一章，我們將遇見北歐宇宙中另一群重要的居民：巨人。

3

敵對勢力

異族巨人 ◇

　　我們對巨人的印象大多來自歐洲民間故事：在我們心中，巨人身軀龐大，體格臃腫，面貌醜陋，腦子還不大靈光。儘管傳奇裡的巨人有些確實如同民間故事描述的模樣，但神話中的巨人卻是個複雜多樣的種族。有鑑於以尤彌爾的身軀為原料足以構成整個世界，尤彌爾這名巨人應有頂天立地之姿，但其他巨人的身材和人類（或神族）卻較為相似；有些巨人還能根據情境變化大小。他們的頭腦也不應被低估。在神話世界中，巨人智慧卓絕，他們所擁有的智慧之泉，連諸神都渴望汲取。不僅如此，巨人奸詐狡猾又詭計多端，且能用盡手段圖謀長遠。在故事裡，神族並不是總能占到上風。

　　古北歐有不同種族的巨人，用來描述巨人的詞彙也不少。然而，這些名詞是否對不同種類的巨人做了系統性的區分，那就不得而知了。「巨魔」（þurs）一詞有時譯為「食人魔」，和古英語中的 þyrs 有關，指的是出沒於沼澤宛如惡魔般的吃人怪物，就像《貝武夫》中的怪獸格蘭戴爾（Grendel）那樣。

但是，格蘭戴爾的北方表親並不具備這些特徵。「巨怪」（troll）和「巨人」（giant）之間的區別也很模糊；有些巨人有 3 個腦袋，甚至更多，顯然模樣可怕和不受歡迎。有些女巨人淫邪粗陋，無差別地騷擾人類英雄和天宮諸神；索爾會毫不留情地用鎚子把這些女巨人砸飛。有一次索爾和喬裝的奧丁比賽吹牛，他炫耀起自己的一大功績：

我曾在東邊和巨人抗爭，
邪惡的女巨人漫山遊蕩；
她們如果皆得存活，巨人族必將人丁興旺；
中土便再無人跡。

────────〈哈爾巴德之歌〉（*Hárbarðr's Song*）第 23 節

　　索爾見到巨人就殺，以此控制巨人人口，這樣做似乎意義重大；在神話裡，每次索爾不在，往往說他去東方抗擊巨人了。
　　巨人也不總是這麼醜惡凶殘。有些女巨人，例如絲卡蒂，雖然性情凶猛，但她們能在一定程度上融入神族社會；絲卡蒂喜歡狩獵和滑雪，這或許意謂著她和挪威極北之地、以及薩米人（拉普人）之間的關聯。在極北地區，薩米人以打獵和設置陷阱捕獲獵物，及放牧馴鹿維持生計。絲卡蒂作為巨人的「他者」（Otherness）可能就是反映薩米人的「他者」──薩米人的文化和北歐人截然不同。北歐人和這些南方鄰居貿易往來，並向其交付稅款。吉爾達是巨人蓋彌爾（Gymir）的女兒，生得光彩照人，她的美貌俘獲弗雷的心。這位年輕男神遠遠望見她，便

蓋爾羅德的兩個巨人女兒躲在椅子下面，被索爾壓折了背。恩斯特·漢森（Ernst Hansen）1941 年繪。

索爾在蓋爾羅德（Geirrøðr）之家的戰鬥

這段故事的來歷不同尋常，乃是記載在一首吟唱詩歌之中。有一次，洛基披著飛行斗篷，飛到巨人蓋爾羅德的領地，失手被擒。洛基為了贖回自由，答應把索爾引到蓋爾羅德家，且設下陷阱，讓他不帶雷神之鎚，也不繫力量腰帶。幸運的是，索爾和他的隨從提亞爾菲在路上，去了女巨人格莉德（Gríðr）家做客，她把多餘的魔法腰帶、魔杖和鐵手套借給索爾。他們行至山間，天氣惡劣，河水上漲，險些被大水沖走。他們意識到，河水之所以漲勢洶洶，是因為蓋爾羅德的一個女兒正在排尿。索爾朝她扔了塊石頭，「從源頭堵住洪水」——或許他只是這麼開個玩笑。到了蓋爾羅德家裡，索爾住進客房。可他剛坐到椅子上，椅子就飛向天花板，眼看要把他擠扁。索爾拿出格莉德的魔杖撐住天花板，反把椅子壓了下來。這不僅救了他的命，還除掉椅子下面的兩個巨人——蓋爾羅德的兩個女兒就藏在那裡，她們雙雙被壓斷脊梁。索爾又被蓋爾羅德請到大廳，巨人向他擲來一塊紅熱熔融的金屬。索爾以鐵手套護身，抓住投射物，反扔回去。金屬塊穿過柱子，打中躲在後面的巨人，穿體而出。索爾再次獲勝。

陷入相思之苦。他焦急的父母（尼奧爾德和繼母絲卡蒂）派一名心腹史基尼爾（Skírnir）前去打探，想要弄清楚兒子為何鬱鬱寡歡。史基尼爾的身分並不清楚，他名字的意思是「閃光者」，他似乎代表弗雷一部分生育的功能。弗雷把自己的魔劍交給史基尼爾，讓他代表自己去向女巨人求愛。吉爾達禮貌地歡迎來客，卻不為之所動。史基尼爾奉上魔法黃金指環和 11 顆蘋果（可能是伊都娜讓人永保青春的蘋果），又威脅若不答應，他就去挑戰吉爾達的父親，但吉爾達就是軟硬不吃。最後，信使發出一連串複雜的咒語來恐嚇她。他從綠樹截下枝幹，刻上盧恩符文，詛咒吉爾達會斷絕子嗣、淫亂成狂、凄慘可怖。他還詛咒吉爾達只能嫁給有三個頭顱的巨人。吉爾達終於心軟了，答應在九夜後和弗雷約會。史基尼爾帶回好消息，只是弗雷急不可待，抱怨九夜之後實在太漫長了。

　　在斯諾里的版本中，這個故事被改編得更具浪漫色彩。弗雷坐在奧丁的至高王座「希利德斯凱拉夫」上，四處張望，瞥見吉爾達。故事明確指出，一見鍾情其實是對他的懲罰，因為他

弗雷從至高王座「希利德斯凱拉夫」向遠方張望，尋找心愛的吉爾達。焦慮的父親尼奧爾德和繼母絲卡蒂在他身後關切詢問。W. G. 柯林伍德為 1908 版《詩體埃達》英譯本所繪。

闖入了神族領袖的空間。吉爾達無疑十分可愛動人:「她的玉臂光彩照人／映亮了所有的海洋和天空。」史基尼爾當即領命出發,很快便帶著女子的許諾歸來;書中並未提到她的抗拒及詛咒。在《欺騙古魯菲》中,這個故事再次重述,用以解釋弗雷為何沒有佩劍,同時還暗示,為了區區一個女子付出戰神的象徵,實在是不智之舉——在〈洛基的叫罵〉中,洛基痛罵了所有神祇,也以同樣的理由批評弗雷判斷失誤。洛基奚落道,既然弗雷為了蓋彌爾的女兒送出自己的寶劍,那麼到了諸神黃昏時,他將如何戰鬥呢?

吉爾達是否答應嫁給弗雷,是否像絲卡蒂一樣搬來和諸神一起生活,又或者那柄寶劍只換來一夜歡愉,這個故事並未提及。而在其他故事裡,吉爾達被明確冠以弗雷之妻,他們還有個孩子弗尤尼爾(Fjölnir)是瑞典列王的祖先。尼奧爾德和弗雷最後都娶了女巨人,而不是娶阿薩女神,正如前文所述,這可能意謂著他們的地位比阿薩神族較低。弗雷和吉爾達的神話一直以來被解讀成關於自然現象或生殖繁衍的神話;掌管生長和富饒之神應當和大地結合——吉爾達(Gerðr)的名字意思是「圍欄圈出的場所、田野」,和中土(Miðgarðr)與神域(Ásgarðr)中的 garðr 有關。如果土地想要多產,必須迎接神的擁抱,敞開自己,接受神賜予收穫的觸碰。然而,如果吉爾達真的象徵大地,她為什麼「應該」抵抗神的滋養之光(史基尼爾),又為何非要遭到逼迫才肯屈從?這則神話中衝突的性別政治,使我們可能有不同的解讀。儘管巨人和自然、混沌關係密切,但他們主要表現的是他者、對立、差異。他們以這種

吉爾達和拿著寶劍的史基尼爾。吉爾達揚手做出拒絕的姿勢,顯然是要回絕他的殷勤。勞倫斯·弗洛里希 1895 年繪。

角色被整合到諸神的世界之中,而沒有被徹底排斥在外。諸神和巨人的國度之間常有來往。諸神就像北歐的君王和大地主一樣,樂於以自己的權勢震懾從屬:他們命令巨人在宴席上取悅居於上位的自己,並獻上種種為他們搜集的奇珍異寶。

　對弗雷和吉爾達的神話,尤其是華納神和女巨人的聯姻,也可以解讀是政治性的。上層社會群體意欲和較低的社會階層結盟,於是一名女子就被獻出——重要的是,並非交換——作為締結盟約的證明。但是,這種解讀無法完全與原詩對應。弗雷對吉爾達的家族並無興趣,也沒有戰略上的理由需要透過迎娶蓋彌爾之女與他結盟。相反地,他只是受到欲望的驅使,他的使者所用的手段(史基尼爾先用禮物賄賂,所許諾的價值可能超出他的許可權;接下來是威脅;最後還發出詛咒)更是暴力非常。在我看來,這個故事自始至終似乎都反映令人驚心的父權政治。當一位有權有勢的男子遇見心愛的女子,就派僕從前去逼迫,最終贏得思念的佳人,全然不顧女子的拒絕,即便她是一個獨立自主的個體(她掌管著父親的黃金,遇事可以自己拿主意)。所以斯諾里寫了一個更合常規的浪漫版本,可能也並不令人訝異了。

為文化而戰 ⚔

　　當阿薩神族與華納神族作戰期間，神域的界牆受到嚴重的損毀。為了善後，有人毛遂自薦，願意為諸神重新修建城牆，還比原來的更加牢固、堅不可摧，並承諾三季（北歐的時間單位一季通常是指半年）之內就能完工。至於報酬，他希望能得到太陽、月亮和弗蕾亞。諸神聚集起來，成功地把修築的時間砍至一個冬天，還要求他必須獨自完成所有工作。築牆者答應他們的條件，並提出一個合情合理的要求：他可能需要自己的馬匹來幫忙。協定就此達成。沒想到，一人一馬日夜勞動，神域周圍的城牆節節升高，諸神大為驚恐。離冬天結束還有三天，城牆顯然能按時完工，除非有人能想出解決的辦法，否則日月和弗蕾亞就要被帶走了。諸神想到，當初是洛基勸說他們接受協定，於是以死亡威脅洛基，逼他找出方法打斷築牆者的進程。洛基變成一匹母馬，向築牆者的駿馬柔聲嘶鳴，輕揚鬃毛，把這個好幫手誘離崗位。築牆者跟在馬匹後面穿過森林，追了一整夜，眼見時間已然不夠完成工程。築牆者陷入「巨人之怒」，暴露了自己的真實身分。儘管諸神曾經對築牆者許下誓言，保證他的安全，但他們還是召來了索爾（以築牆者隱瞞身分為藉口），用雷神之鎚將巨人消滅。8個月後，洛基生下一頭小馬：八足天馬斯萊普尼爾。牠成為奧丁的坐騎，馱著他穿越所有世界。

築牆者的神話

這則築牆者的故事，描述一個技藝高超的超自然人物，但他索要的代價過於高昂，最終被人欺騙賴掉，在世界各地都有流傳；斯諾里寫的是很早的版本。在民間傳說中，這通常是一則獨立成篇的故事，希望喚起聽眾同情這個最終一無所有的聰明承包商。築牆者往往是喬裝打扮的惡魔，這樣即使他遭受欺騙，也不會有道德上的問題。古典作曲大師理查·華格納（Richard Wagner）在歌劇《尼伯龍根的指環》（*Der Ring des Niblungen*）的第一部《萊茵的黃金》（*Das Rheingold*）中就用到這個故事。沃坦（Wotan）——相當於奧丁——和巨人法夫納（Fafner）、法索爾特（Fasolt）定下協約，請兩人為他修築一座新宮殿英靈殿。他同意以弗蕾亞為報酬，但遭到其他神的抗議。於是，他和巨人商定以萊茵的黃金作為替代，最終不得不把尼伯龍根的指環交給他們。指環是沃坦從矮人阿爾伯里希（Alberich）手中奪來的；當初阿爾伯里希為了從萊茵仙女手中盜取黃金，發誓棄絕愛情。沃坦將財寶與受到詛咒的指環據為己有，某種程度上導致了後來的一連串悲劇，包括諸神自身的覆滅。

法夫納和法索爾特拖走弗蕾亞。亞瑟·拉克姆（Arthur Rackham）1910 年繪。

就像華格納重述的那樣，北歐諸神問心有愧，因為他們曾經向築牆者承諾，保證他能得到獎賞，在工作過程中安全無虞。由於築牆者是「山巨人」偽裝的，他們藉著這個理由撕毀承諾，卻落得心中忐忑。斯諾里引用〈女先知的預言〉裡一段詩歌強調這一道德問題：

誓約支離破碎，諾言與保證，
他們許下的所有嚴肅的承諾。
索爾怒火中燒，揮出一記重鎚。
聽聞這等事情，他豈能按捺得住！

———————————〈女先知的預言〉第 26 節；《欺騙古魯菲》第 42 章

神祕的築牆者和他的馬兒正在建造神域的城牆。羅伯特·恩格爾（Robert Engels）1919 年繪。

奧丁騎著八足天馬斯萊普尼爾，面前有個女人向他奉上角杯。出自哥特蘭尚維德（Tjängvide）的畫像石。

　　諸神被證明是毀諾的一方，引發神族歷史中不斷迴響的道德責任問題。如果對象是巨人——即使是隱瞞身分的巨人——是否就可以撕毀神聖的承諾呢？這次背信棄義標示諸神墮落的開端，或許導向了他們無法挽回的覆滅結局。雖然我們並不能假設各個神話之間有多少相關性和連續性，因為它們是在非常不同的情境下被記錄下來的，但我們將在第六章看到〈女先知的預言〉確實記錄了導致諸神黃昏的事件。這些事件被精心挑選出來，按順序排列，強烈地暗示了它們之間有因果關係。

　　僅就此時此刻而論，諸神確實占了上風。巨人能夠提供的好東西可不止神域的城牆，諸神還渴望著從巨人那裡獲取更多奇珍異寶。以文明為主題的「詩仙蜜酒」神話說的就是另一樣此類珍寶。就像其他神聖之物一樣，它也是經由暴力才嬗變而

來。它歷經了神話宇宙的各個地域，最終成了諸神與人類的所有物。在阿薩神族和華納神族交換人質時（第二章），雙方都往同一罐子裡吐口水。這些口水被做成了一個人，名叫克瓦希爾（Kvasir）。克瓦希爾是世界上最聰明的人。他周遊世界，傳授智慧，最終死在兩個可惡的矮人手裡。他們把他的血和蜂蜜混合在一起發酵，做成一種具有強大魔力的蜜酒。當諸神問起克瓦希爾消失的原因時，這兩個無恥的矮人居然說，因為克瓦希爾太過聰明，以至於無人能夠向他提出問題，於是他被自己的智慧噎死了。

然後，這兩個殺人凶手邀請巨人吉林爾（Gillingr）和他們一起釣魚，卻在途中掀翻漁船，讓他淹死了。吉林爾的寡妻為了丈夫的死哀哭不已，兩個矮人受不了，把她也殺了。這下輪到吉林爾的兄弟蘇圖恩（Suttungr）來復仇了：他帶著兩個矮人划船出海，來到一處岩礁，威脅要把他們留在礁石上溺死。兩個矮人為了活命，拿出血蜜酒作為交換。蘇圖恩把珍貴的血蜜酒帶回家，裝在三個大罐子裡，並派自己的女兒岡羅德看守。奧丁想出一條盜取蜜酒的妙計；他去找蘇圖恩的另一個兄弟巴烏吉（Baugi），看到他的奴隸們正在割草。奧丁用一塊魔法磨刀石將他們的鐮刀磨得鋒利無比，引得奴隸們都對磨刀石垂涎欲滴，想要據為己有。奧丁把磨刀石拋向空中，奴隸們你爭我奪，於混戰中割掉彼此的頭顱。喬裝的奧丁趁這個機會，接下他們的工作，唯一的條件就是要巴烏吉幫助他從蘇圖恩那裡弄來一口蜜酒。等奧丁幹完活，巴烏吉帶他去找蘇圖恩，但他的請求被蘇圖恩拒絕了。奧丁又想了個辦法，讓不情不願的巴

巴烏吉和奧丁拿著鑽頭「瑞特」（Rati）在山岩中打洞，
以期接近岡羅德和詩仙蜜酒。出自18世紀冰島手抄
本。

　　烏吉幫他拿著鑽頭，在希尼約格（Hnitbjörg，意思是碰撞的岩石）
山上鑽出一條孔道，岡羅德和詩仙蜜酒就藏在裡頭。奧丁變成
一條蛇，扭動著鑽了進去。奧丁引誘岡羅德，和她纏綿三夜，
之後准許奧丁飲下三口珍貴的蜜酒。

　　奧丁每喝一口，就把一個罐子喝得底朝天，三口就喝完三
罐蜜酒。隨後他變成一隻老鷹，展開翅膀飛離此地。蘇圖恩得
知有人奪走自己的珍寶，也變成一隻老鷹追隨其後。奧丁安全
地抵達了神域城牆境內，立即把蜜酒吐了出來，裝在阿薩神族
準備好的罐子裡。但有些蜜酒在途中損失了，因為奧丁為了阻

奧丁為了飲下詩仙蜜酒，向岡羅德獻殷勤。勞倫斯・弗
洛里希 1895 年繪。

撓，把蜜酒灑向身後的蘇圖恩臉上。所有人都可以取用這些落
在諸神宮殿之外的蜜酒；現在據說它就是無處不在的蹩腳詩人
的靈感之源。奧丁透過慣常的詭計，要別人履行承諾自己卻不
遵守，為神祇和人類贏得至寶。獲取詩仙蜜酒的故事只在這個
版本有完整的記載，不過，很多形容詩歌的複合詞隱喻法都與
此有關，如「矮人的酒」、「奧爵爾（Óðrerir）之海」（奧爵爾是
蘇圖恩所用容器之一）、「奧丁的戰利品」都印證這段神話的細節。

　　在這個故事裡，諸神比世界上的所有其他種族都要優越；矮
人是邪惡的連環殺手；巴烏吉的手下全是蠢貨；岡羅德遭到引
誘固然可憐，但她輕易就上當受騙了。所有這些都證明，諸神

化作老鷹的奧丁向身後拋灑詩仙蜜酒，阻撓追來的蘇圖恩。出自
18 世紀冰島手稿。

應當奪得蜜酒。讓詩人們使用詩仙蜜酒，肯定要好過把它窖藏
在岩石深處蘇圖恩的宮殿裡。「不用作廢」這一信條十分適用
於文化寶藏。透過講述詩仙蜜酒的故事，詩人們團結在同一個
信念之下：靈感的源泉最好要與同行分享。

奧丁背叛岡羅德

在〈高人的箴言〉一詩中，奧丁把這段歷險拿出來吹噓。他用鑽頭打出一條路，鑽進蘇圖恩的洞府，冒著生命危險說服了岡羅德，獲准飲下珍貴的蜜酒。他悔恨地承認：「我卻沒能好好回報／她全然敞開的心扉／她滿懷哀傷的靈魂。」岡羅德廉價地出賣了自己的美貌；引誘她的是一位神，她本可讓他許下婚約。遭竊次日，冰霜巨人闖進奧丁的宮殿，質問事情的真相：「憑著指環許下神聖的誓言／他的承諾怎能取信於人？」奧丁推算，為了讓詩仙蜜酒重返光明，說謊騙人以及傷害岡羅德都是值得的。但岡羅德無疑地會有不同的感想。

還有一個故事講的是諸神如何從巨人手中取得一個釀酒用的大鍋。諸神命海神埃吉爾為他們準備一場盛宴，就像斯堪地那維亞的王公貴族的做法。國王和大地主常常帶著隨從出行，下榻在獲封土地者的家裡，獲得盛情的款待。這種做法減輕了君主維持隨從隊伍的負擔，把責任分攤到貴族身上，在消耗貴族資源的同時也節省了君主的耗費。君主也可以藉此檢查貴族們的治理水準：法律是否得到執行，稅務收繳是否得當，貴族是否密謀叛亂。於是諸神準備宴席的任務交給了埃吉爾。埃吉爾抗辯，自己的容器都不夠大，無法釀造出足量的美酒供諸神飲用。提爾回應道，他的父親巨人希密爾有一個巨大無比的鍋子。於是，他和索爾一同出發，前往巨人國度索取容器。

提爾和巨人的剋星索爾結伴抵達希密爾家後，受到提爾母親

的熱情歡迎，不過她也向兩位客人表示，自己的丈夫恐怕不會友善地款待他們。提爾的母親容顏美麗，「渾身黃金裝裹……蛾眉閃亮」。而提爾的祖母則與之相反，足足有 900 個頭。希密爾一回到家，就表示可以借出大鍋，只要哪位訪客能抬起它就行。這意謂著客人們將面臨一系列的力量測試。提爾的母親事先提醒他們，讓他們坐在廳堂的柱子後面。這是因為她的丈夫能夠用目光摧金裂石——當他瞪向他們時，柱子便可擋在他們前面四分五裂，而不是他們被摧毀。在索爾吃了整整兩頭牛之後，希密爾便帶他出去釣魚，尋些口糧回來。釣魚之旅的故事將在第 118 頁講到。索爾大獲全勝，激得巨人設下新的挑戰：只要索爾能砸碎巨人的酒杯，就能把大鍋帶走。索爾先是拿起酒杯對著石柱猛砸，可碎裂的卻是建築本身。直到提爾的母親提示他，所有事物中最堅硬的就是希密爾的頭，索爾這才成功地砸碎酒杯。索爾終於獲准帶走大鍋。他把大鍋倒扣在頭上，讓掛在鍋邊的環飾垂在腳旁叮噹作響。兩位神祇還沒走出多遠，就發現希密爾帶著同夥急忙追上來了。索爾轉身面向追兵，把他們統統打死，然後帶著大鍋回家。這首詩以勝利的筆調作為結束：「眾神開懷暢飲／每年冬天齊聚埃吉爾家。」至於在埃吉爾舉辦的最後一次宴會上發生了什麼，請參見第六章。

　　希密爾的大鍋這個故事符合傳統的模式：諸神總是從巨人那裡奪取他們所需要的東西，因為以阿薩神的觀點來說，他們只是讓巨人的大鍋有更好的用途。巨人的連連失利確實令人扼腕：他的酒杯砸碎在自己的頭上，他的大鍋被人奪走，他的妻

索爾的雕像，來自冰島埃爾蘭德。

兒串通一氣，聯合索爾這個臭名昭著的巨人剋星，讓丈夫的寶貝不是被搶走就是被摧毀。我們並不清楚提爾的母親為什麼會嫁給巨人，以及提爾這位掌管法律和正義的神為何居然會有一個巨人父親。有人指出，在這個故事中，提爾的角色可能原本歸洛基所有；如果真是這樣，洛基和索爾確實常常結伴遊歷，而且洛基似乎是阿薩神族與巨人的混血。詩中希密爾極為冷漠無情，簡直令人吃驚。希密爾是冬天的人格化。當他狩獵回家，鬍子上掛著叮噹作響的冰柱；他的目光冰冷刺骨，能讓眼前之物分崩離析。在他的兒子和客人看來，唯有在妻子的堅持之下，他才想起親屬關係和待客之道，遵循社會規範。當索爾胃口大開，掃蕩了巨人的儲糧，巨人被嚇得驚恐失態，反而顯出幾分幽默之感。

索爾垂釣記

索爾把主人家吃得精光,希密爾便決定帶他一起去釣魚,補充食物存糧。索爾挑釁地殺死希密爾的一頭牛,把牛頭擰下來當作魚餌。兩人划船出海,一直划到海洋深處,遠遠超出平時釣魚的範圍。由於距離海岸實在太遙遠了,雖然希密爾釣到兩條鯨魚,但他還是表示在這裡釣魚令人不安。索爾垂下釣竿,用牛頭魚餌釣起世界上最大的海洋生物——中庭巨蟒。這隻巨獸被拖出海面;一神一蛇兩相瞪視,陷入浩大的對峙。在一些古老的詩歌中,索爾就此殺死中庭巨蟒。然而,另外一些傳說則讓這生物活下來,等到諸神黃昏時與眾神廝殺。這場史詩之戰的情形出現在畫像石中。在一些畫像石裡,索爾手裡攥著魚線,拖曳著扭動掙扎的巨獸;索爾腳下一蹬,踩穿漁船的船底。希密爾被索爾狂放的釣魚方式嚇到了,於是抽出刀來,切斷魚線,中庭巨蟒回到了海洋深處。在斯諾里的版本裡,索爾掄起雙拳打在希密爾的耳朵上,巨人跌入海中,就此淹死了。與此同時,中庭巨蟒蟄伏起來,靜靜等待著諸神黃昏到來的那一天。

就索爾而言,他倒是樂於激怒東道主。根據賓主之道,希密爾需要招待他們,索爾也不能在巨人家裡把他殺死。然而,一旦巨人反悔,不願把大鍋交給能舉起它的人,索爾就有正當的理由可以使用雷神之鎚。希密爾和其他的「熔岩之鯨」(巨人同伴)很快就被索爾打得落花流水。

索爾釣起中庭巨蟒。約翰‧亨利希‧菲斯利（Johann Heinrich Füssli）1788 年繪。

追回被盜的珍寶　◇

　　前面我們講了築牆者的故事，他想要帶走太陽、月亮和弗蕾亞，險些讓諸神和人類的世界陷入無盡的黑暗，所幸這一計畫失敗了。然而，在諸神和巨人爭奪至寶的歷史上，巨人的反擊並不限於這次。洛基一度被絲卡蒂的父親——巨人夏基——抓住了。洛基、奧丁和神祕的霍尼爾三人一起出行，他們殺了一頭公牛，打算煮來吃。但是，牛肉怎麼也煮不熟。過了一會兒，又饑餓又困惑的諸神注意到他們的身後有棵橡樹，樹上停著一隻大老鷹。老鷹告訴他們，牠才是讓肉煮不熟的罪魁禍首。洛

變成老鷹的夏基干擾神祇準備晚餐。出自 18 世紀冰島手抄本。

基抓起一根長竿，向著老鷹擲過去；老鷹飛了起來，可那根長
竿卻連著洛基一起黏在鳥兒身上。洛基被帶上天空，死命抓住
不放，弄得肩膀都快脫臼了。洛基為了活命，答應老鷹（牠其
實是巨人夏基所變）的要求：他將把伊都娜從神域誘騙出來，
讓她落入巨人的掌控。洛基告訴伊都娜，他在外面樹林裡找到
一些蘋果，和伊都娜的蘋果看起來極為相似。他勸伊都娜帶著
蘋果前去比對。伊都娜上當受騙，和洛基一起離開神域。夏基
俯衝而下，抓著她和蘋果飛走了。

　　洛基又一次讓諸神陷入麻煩，不得不負起解決問題的責任。
因為伊都娜不在，諸神就拿不到永保青春的蘋果，開始衰老。

洛基哄騙單純的伊都娜前往樹林，夏基正等在那裡，準備
把她綁走。約翰・鮑爾 1911 年繪。

他們開會商討後發現，伊都娜最後一次出現之時，洛基正陪在她身邊；由此可知，伊都娜的失蹤必然和他有關。洛基穿上弗蕾亞的隼羽披風，飛到夏基的宮殿之中。洛基趁夏基出門釣魚，把伊都娜變成一粒堅果，帶著伊都娜和她的寶貝蘋果一起逃走了。當夏基發現之後，就變成老鷹，朝洛基追去。阿薩神族在神域城牆內堆起一大堆木屑，一旦筋疲力盡的洛基帶著此行的收穫落進圍牆，諸神就把木屑點燃。老鷹跟在後頭收不住翅膀，徑直飛向獵物，牠的羽毛瞬間著火了。夏基變回了人形，立刻被諸神殺死。夏基之死導致絲卡蒂來到神域向諸神索取賠償，第一章中已經說了結果。諸神又吃著平時所吃的蘋果，很快就恢復到了巔峰狀態。

路易斯棋中的 4 個皇后。這些棋子製作於 12 世紀晚期，產地可能是斯堪地那維亞。

《沉睡的軍隊》（*The Sleeping Army*）

知名童書《調皮亨利》（*Horrid Henry*）系列書籍的作者法蘭
西斯卡‧賽門（Francesca Simon）2012 年寫過一本小說《沉
睡的軍隊》，主角是個名叫弗蕾亞的小女孩。她來到大英博
物館，把放在路易斯棋旁邊的維京時代號角吹響了，由此進
入諸神的世界。弗蕾亞需要協助索爾的兩個人類助手——這
裡叫做阿爾菲（Alfie）和蘿絲昆娃（Roskva）——還有滿身汗
臭的狂戰士斯諾特（Snot，意思是智者），要從巨人手中救出
伊都娜和永保青春的蘋果。弗蕾亞在這場比賽中學到種種技
能，也獲得許多成長，她不僅要讓諸神免於衰老，還要防止
自己和同伴變成棋子（也就是書名的「沉睡的軍隊」），和
其他失敗的冒險者一起陳列在玻璃櫃裡。

索爾的尷尬往事 ✕

巨人把持著諸神命脈這種神話模式，在〈巨人特里姆的歌
謠〉（*Þrymskviða*）有戲謔的一番調侃。一天早晨，索爾從夢
中醒來，發現自己的雷神之鎚不見了，他嚇得鬍子根根直立，
連忙叫來洛基。這一次，洛基竟然不是幕後黑手，他還主動借
來了弗蕾亞的隼羽斗篷，前往巨人國查探。在那裡，洛基遇見
巨人特里姆（Þrymr）。特里姆坐在墓丘上，一邊為自己的猛
犬編繩，一邊細細修剪坐騎的鬃毛：這個巨人顯然想要裝出一
副貴族派頭來。特里姆爽快地承認，雷神之鎚就在他手上；除

非諸神把弗蕾亞嫁給他，否則不會交還。洛基匆匆把消息帶回，與索爾一起去找弗蕾亞。這兩人一貫做事莽撞，開口就要弗蕾亞穿上婚紗頭飾，準備前往巨人國成婚。弗蕾亞可沒有乖乖聽話：

弗蕾亞聞言氣得直哼哼，
撼動了阿薩神祇的宮殿；
絕美的布里辛嘉曼項鍊從她頸上滑落。
「要是我真的跟你們去了巨人國，
那我可真是世界上最荒淫的女子。」

──────────────〈巨人特里姆的歌謠〉第 13 節

　　顯然，這段情節之所以好笑，部分原因在於弗蕾亞的確是「世界上最荒淫的女子」。但即使如此，她還是拒絕嫁給巨人。該怎麼辦呢？諸神聚在議事廳，海姆達爾提出一個絕妙的主意：不如把索爾打扮成女人的樣子，讓他代替弗蕾亞前去成親。索爾極力反抗，但終究徒勞無功，因為洛基已經點明要是拿不回雷神之鎚，巨人馬上要殺進神域了！於是，索爾換了女裝，披上新娘頭紗，把一串鑰匙（象徵女性在家中執掌的權力）掛在腰帶上。弗蕾亞也把布里辛嘉曼項鍊借給他，完成最後一道扮裝。洛基套上裙子，駕著山羊拉的戰車，和假扮女裝的索爾一起上路。

　　與此同時，身在巨人國的特里姆正激動得發抖。他吩咐屬下好好準備婚宴，並誇耀起自己的財富：

金角的母牛在院子裡漫步，
漆黑的公牛最得巨人喜愛；
我的金銀成山，財寶成堆，
應有盡有只缺一個弗蕾亞。

—————————————————〈巨人特里姆的歌謠〉第 23 節

　　披著重重面紗的假弗蕾亞在宴席就座。她吃掉「一整頭牛、
八條鮭魚／給女客們準備的所有點心／……及三桶蜜酒」。新
郎大驚之下，不由得心生疑惑。扮作伴娘的洛基急忙解釋，新
娘已經八夜沒吃東西了，只想趕緊嫁來巨人國。特里姆想要偷

索爾穿上女裝，以便假扮成弗蕾亞和特
里姆「成婚」。埃爾默・博伊德・史密
斯 1902 年繪。

個香吻，沒想到面紗下新娘的雙眼如火般紅，把他嚇了一跳。機敏的洛基又解釋道，新娘對婚禮期盼到夜不能寐，不眠不休熬紅了雙眼。巨人的姐妹來找新娘索要禮物，此時巨人終於拿出了雷神之鎚當作證婚信物——或許現實的婚禮上真的有這樣的儀式。雷神之鎚一回到索爾手中，索爾就揮鎚砸死巧言索禮的小姑。直到殺光了所有來參加婚禮的客人，他才和洛基打道回府。雷神之鎚回到正主手中，神域的安全再度得到保障。

　　這個故事可能出現在相當晚近的年代，因為敘述者描寫諸神時筆調輕佻。索爾和弗蕾亞都在情緒下舉止失措。索爾丟了鎚子只會四處摸索，然後喚來洛基；弗蕾亞氣得直哼，胸口上下起伏，這令她最愛的首飾斷裂開來，滾落於地——她為了這條項鍊，可是向矮人付出高昂的代價（參見第二章）。特里姆的招搖裝闊精準地反映志得意滿的心情——他的寶貝收藏就要集齊了，只缺掌管美與愛的女神做他的妻子。索爾這位最有男子氣概的神被迫換上女子的服飾，而洛基居然立即提出也穿女裝作陪——這場滑稽戲一方面可以證明洛基常常變換形態、性別成謎；另一方面也點出，扮裝和其他跨性別的活動有強烈的文化禁忌，尤其是在有關賽德魔法的情況。奧丁在這方面不太敏感；我們將在第六章看到，如果情況需要，他也會欣然扮成女性。

索爾如何收服隨從

索爾的兩頭山羊「磨牙者」和「咬牙者」是十分實用的靈獸。牠們不僅能為索爾拉車，還能被殺來充當旅行食糧食用。吃完之後，只要把骨頭放回羊皮裡，第二天早晨牠們就能復活，繼續拉車前行。有一次，索爾在窮苦的艾吉爾（Egill）家裡借宿，他家窮得沒肉可吃，索爾就殺了山羊，把肉分給這家人吃。他警告他們，千萬不要為了吸吮骨髓而折斷骨頭。第二天早上兩隻山羊重生後，其中一隻明顯有點瘸腿。索爾勃然大怒，逼問是誰違背他的囑咐。這家的兒子提亞爾菲自首，驚恐的父親便獻上兩個孩子作為賠償。就這樣，索爾便有了提亞爾菲和蘿絲昆娃這兩個人類隨從。提亞爾菲出現在多段歷險之中，蘿絲昆娃卻很少被提及。

索爾拜訪烏特加德的洛奇　✕

索爾和巨人打過多次交道，其中最為詳盡的一段故事出自斯諾里筆下。一天，索爾和洛基乘著山羊拉的戰車出門探險。就是在這次旅程中，索爾收服兩名人類隨從。次日晚上，一行人抵達一處森林。在他們面前有棟大房子，於是他們便到屋裡借宿。睡到半夜，突然地動山搖。眾人被震動驚醒，聚攏到大廳旁邊一間較小的屋子裡。第二天，當他們鑽出屋子時，看到一個巨人正臥在附近酣睡，發出驚天動地的鼾聲——正是昨晚他們以為的地震來源。索爾準備拿雷神之鎚揍他，而巨人恰巧醒

來。巨人認出索爾，喚了他的名字，然後問道：「你怎麼把我的手套拽走了？」一行人震驚地意識到，昨夜供他們蔽身的屋子竟然是巨人的手套，那間廂房則是手套的大拇指。這名自稱斯克里米爾（Skrýmir）的巨人邀請他們一同上路，於是他們便結成旅伴。斯克里米爾把所有的乾糧放到自己包裡，一併背了起來。這天晚上，斯克里米爾去打盹了，索爾想要打開包裹吃頓晚飯，卻怎麼也打不開。索爾暴跳如雷，抄起雷神之鎚，衝著斯克里米爾揮出最強的一擊。但巨人睜開眼來，只是嘟囔不應該在橡樹下睡覺，剛才肯定是有片葉子掉在他頭上了，還問起索爾他們吃了晚飯沒有。索爾深以為恥，假裝自己並不餓，等到半夜，朝著沉睡的斯克里米爾揮出第二擊。巨人醒來，只說是被橡實打擾了睡眠。索爾的第三擊同樣徒勞無功。

　　第二天，他們進入巨人之城烏特加德（Útgarðr），斯克里米爾就此和諸神告別。城中的首領也叫做洛奇（Loki，譯註：拼寫與洛基相同，採用不同的譯法以示區別），人們叫他時會在名字前加上地名：烏特加德—洛奇。斯克里米爾警告他的新朋友們，在烏特加德—洛奇的地方千萬要小心謹慎，因為城中巨人個個高大；和他們比起來，諸神只不過是襁褓中的嬰兒。宮殿中的巨人確實人高馬大。烏特加德—洛奇對來客表示歡迎，邀請他們參加種種娛樂競賽。打頭陣的是洛基，他自告奮勇和巨人比拚食量。儘管他以最快的速度掃光面前的食物，但他的對手羅基（Logi）不僅吃光食物，還把骨頭吞下，連裝食物的食槽都不放過。巨人旗開得勝！提亞爾菲和胡基（Hugi）比賽跑步。雖然提亞爾菲這小夥子跑得飛快，但三局都輸了。索爾參加的是

「嬌小的」索爾攻擊睡夢中的巨人斯克里米爾；巨人的
大手套落在畫面正前方。弗里德里希・海涅 1882 年繪。

飲酒挑戰，可惜也沒能成功。挑戰任務是把一角杯酒喝乾，那
隻角杯看起來並不大，連最不善飲的人都能三口見底。然而，
索爾拚命喝了三大口，角杯中的酒只是略少一些。烏特加德—
洛奇接著挑釁索爾，邀他再挑戰兩回，看看能不能舉起他的
貓，以及和他的老奶媽比一比摔角。可惜，索爾的表現依然毫
不出色。他使盡全身力氣，也只能讓貓的一隻爪子離開地面；
而老奶媽愛麗（Elli）居然把索爾壓得單膝跪地。索爾一行人
丟盡顏面，但還是接受主人的盛情款待。再吃過一頓豐盛的早
餐後，他們就準備踏上返程之旅。

　　烏特加德—洛奇陪他們走出城堡，並揭開事情的真相。他承
認索爾是個危險人物，絕不會再讓他進來宮殿。斯克里米爾就
是烏特加德—洛奇假扮的。他用魔法線繩綁上那個裝著食物的
包裹；入睡時，他又用魔法挪來一座山擋在頭上，以此抵擋索
爾的雷霆重擊。證據就是，原本平坦的山頂上如今已出現三個
方形的陷谷，遠遠就能看到。至於在烏特加德的比賽，和洛基

索爾與烏特加德─洛奇的貓搏鬥。弗里德里克・理查森
（Frederick Richardson）1913 年繪。

比拚的是「火」，當然能毫不費力地吞噬食槽；和提亞爾菲賽
跑的是「思維」；角杯裡的酒和大海相通──索爾沒能喝乾，
也就不足為奇了。不過，索爾的努力確實降低海平面，這就解
釋了為什麼會有潮汐。那隻黑貓不是別人，正是中庭巨蟒；老
奶媽愛麗其實是「老年」，每個人遲早都會被她壓倒。說完之
後，烏特加德─洛奇就和宮殿一起消失了。只留下索爾空揚著
雷神之鎚，準備向他揮去。

　　這個故事可能是斯諾里從一個較早的版本延伸出來的。在原
本的故事裡，索爾或許只是遇見戴著大手套的狡猾巨人，後來
才有火、思維和老年的化身。在〈洛基的叫罵〉（見下文），
洛基嘲笑索爾曾蜷縮在手套裡，連裝食物的包裹都打不開；至
少這些元素是傳統故事原本就有的。有個細節十分有趣：斯克
里米爾的另一個名字是烏特加德─洛奇。在某種程度上，他會
不會就是洛基的化身呢？這位狡猾的神是否身兼二角，一面為

神勇的索爾充當智囊，一面化身為巨人，堅決維護巨人國的安全，阻止隨時準備大開殺戒的索爾揮舞雷神之鎚？當特里姆偷走雷神之鎚後，索爾殺光了婚禮的所有巨人賓客，洛基可以為之歡呼；在希密爾反悔借出大鍋時，索爾摧毀希密爾和同夥，洛基可以喝彩叫好；甚至當聽人轉述索爾在遙遠東方屠殺巨人的事蹟時，洛基也能欣然以對。但是，親眼看見索爾謀殺一個熟睡之人——而且這人只想讓索爾丟臉，並無害人之心——那就完全是另一碼事了。索爾得知對手並非生靈，而是一些形而上的力量，多少恢復一些自尊。然而，當索爾明白自己敗給海洋、敗給象徵世界盡頭的中庭巨蟒、敗給老年這段對人影響最大的時期，依然怒不可遏。這兩種矛盾的形象集於索爾一身，顯示斯諾里並非一味地為他歌功頌德，而是從更古老的故事中汲取線索，重新描寫。

索爾對戰奧丁 ✕

關於索爾在神話體系的角色，還有最後一點要談，下面故事出自於生動的〈哈爾巴德之歌〉（*Hárbarðsljóð*）。有天，索爾正在回家的路上，走著走著，來到一處峽灣。他招呼船夫要搭船渡海，全然不知撐船的老人就是他的父親奧丁喬裝打扮的。索爾驕傲地誇耀，「和你說話的正是大名鼎鼎的索爾！」不料船夫卻罵了回去，反諷起來，讓索爾大吃一驚。兩位神開始「抬槓」——這是一種正規的鬥嘴儀式，雙方需要輪流自誇、

反駁或反諷。索爾吹噓道,自己殺過許多巨人,包括赫朗格尼
爾(Hrungnir)、絲卡蒂的父親夏基,手下還有不少女性狂戰
士和女巨人的亡魂。可船夫卻並沒有回以相仿的英勇事蹟,反
倒是說起自己勾搭美女的豔史。如果所言不虛,奧丁的風流韻
事可真不少。索爾豔羨地問:「和她們相處得怎麼樣?」奧丁
回道:

我們有過活潑的女子,只要她們報以好感,
我們有過聰慧的女子,只要她們忠貞不移,
她們把沙子擰成繩
從深深的河谷中
掘出平原;
僅憑智慧我凌駕於她們之上,
我和七姐妹共枕席
贏得了每個人的芳心,美人相伴得享歡愉。
那時你在做什麼呢?

——〈哈爾巴德之歌〉第 18 節

　　根據謎語般的描述,這些神祕的女子似乎是某種自然現象,
用不同方式塑造地形。索爾反擊道,他曾把夏基的眼睛拋到空
中,形成星座,但奧丁還是不以為然。他對於索爾每項戰績,
回應自己率領軍隊(雖然他似乎不是親身戰鬥)、引誘美女或
挑起爭端——這是奧丁的經典職能之一,藉機挑選合適的人來
當他的英靈戰士。索爾再怎麼吹噓都無濟於事,奧丁始終對索
爾的功績無動於衷。他還提出一個有趣的論斷:「奧丁掌控著

死於戰場的貴族／而索爾擁有的是奴隸！」（第 24 節）。在冰島和挪威，索爾是最多人崇拜的神，可能和他掌管天氣有關，對依靠土地或海洋為生的勞苦大眾來說，因而至關重要。與之相對，奧丁與貴族、詩人最為親密，這是因為他為他們贏回詩仙蜜酒。奧丁也是君王的守護神。這首詩末尾，奧丁堅決地回絕索爾，不肯撐船載他渡河。他還聲稱，索爾將會發現妻子希芙對他不忠。索爾百般威脅恫嚇，最終還是不得不繞遠路。

在很多主要神話中，都有巨人和諸神爭奪珍寶的故事，而珍寶實際上象徵對某方面文化的掌控。諸神大多時都占上風，不過巨人也有所斬獲。令人不安的是，到了世界末日諸神黃昏時，巨人終將獲勝。洛基詭異地介於諸神和巨人的夾縫之間，實際上是巨人的內奸。下面將會談到我們所知洛基的部分來歷和角色，一直說到諸神黃昏出現徵兆為止。

索爾和赫朗格尼爾的對決

巨人赫朗格尼爾本來是和奧丁賽馬，結果諸神貿然邀他進入神域，並請他喝杯酒。巨人酒勁上湧，吹起牛來，大言不慚地宣稱要拆掉英靈殿，把它帶回巨人國。他還要毀掉神域，殺光所有神，只留下弗蕾亞和希芙，帶她們回家。索爾回到神域後，看見英靈殿裡有個爛醉如泥的巨人，怒從心起。他本來打算殺了巨人，但赫朗格尼爾手無寸鐵，雙方便把對決之地選在赫朗格尼爾領地的邊界上。赫朗格尼爾的心臟是石頭做的，他還有面盾牌也是同樣的材質。赫朗格

尼爾帶去的幫手是個由黏土做成的巨人，名叫摩卡卡爾夫（Mökkurkálfi）。他本當勇猛過人，可惜巨人給他一顆母馬的心臟——只有這般龐大的心臟，才能驅動他魁梧的身軀。赫朗格尼爾站在決鬥地點就戰鬥位置，提亞爾菲跑上前警告他：索爾就要從你腳下攻來了！赫朗格尼爾立刻站在石頭盾牌上，卻眼睜睜地瞥見索爾駕著戰車衝過來，周身電閃雷鳴。赫朗格尼爾拿出燧石這項武器，朝索爾扔了過去。燧石凌空撞上雷神之鎚，碎成幾片，其中一片插進索爾的頭骨。與此同時，赫朗格尼爾毫無防禦之力，死在索爾的鎚下。他倒在索爾身上，腿壓住索爾的脖子，使他無法脫身。另一方面，提亞爾菲輕易擊敗摩卡卡爾夫，卻怎麼也沒法把巨人的屍體從索爾身上挪開。最後，索爾的兒子，3 歲的瑪格尼來了。他是索爾和女巨人雅恩莎撒（Jarnsaxa）所生。瑪格尼輕鬆抬起巨人的腿，解救被困住的父親。他還對自己沒能參加決鬥表示遺憾：「要是對上那巨人，我能赤手空拳送他下地獄。」插進索爾頭骨的燧石很難取出來。索爾向女先知格薙亞（Gróa）求助，請她念誦咒語取出碎石。女先知正在施咒時，索爾突然說起她的丈夫歐文德（Aurvandill）。索爾曾助他渡過毒河前往北方。歐文德寒冷凍傷斷了一個腳趾頭，索爾便把那腳趾扔向天空，化作了晨星。女先知聽到這個消息，激動極了，完全忘了咒語。於是，那塊燧石碎片就留在索爾的頭骨裡，直至今日。

非此非彼 ⚡

在諸神中，洛基是個令人不安卻誘人的人物。沒有證據證明洛基曾受人崇拜（靈巧之人都尊奉奧丁為保護神），洛基的名字也不曾用來命名任何農莊、山峰或其他地景。據說洛基的母親是勞菲（Laufey），父親是法布提（Fárbauti）；雙親之中一位是女神，另一方可能是巨人。如果洛基的父親真是巨人，那就可以解釋為什麼他天生就離經叛道（這種婚配關係通常是被禁止的），又為什麼搖擺不定。洛基位列諸神，和奧丁是有血緣關係的同母異父兄弟，彼此還立下誓言。儘管洛基不怎麼把發誓當回事，奧丁卻從未輕忽兩人的關係。在阿薩神族的歷史中，早早就出現了洛基的身影。洛基幫助他們解決與築牆者達成的協議，還和奧丁、霍尼爾一起周遊，查訪萬事萬物。前文提到一段這樣的旅程，洛基在旅程之中魯莽行事，致使他將伊都娜出賣給了夏基。我們將在第四章看到，就因為洛基用石頭打死一隻小憩的水獺，引發了一連串的災難。

洛基模稜兩可的特質，還表現在他能變換形態和性別。他化身母馬，勾引築牆者的駿馬斯瓦迪爾法利（Svaðilfari），生下最為神駿的八足天馬斯萊普尼爾。〈希德拉之歌〉還記錄一系列神祕事件：

洛基吃下了一顆心臟，放在椴木火堆上烤成，
女子的思想之石嘗來半生不熟；
邪惡的女人讓洛普特（Loptr）懷上身孕，
生下了世上所有的食人女妖。

—————————————————— 〈希德拉之歌〉第 41 節

　　洛普特是洛基的別名；由於洛基反常地將女性的心臟吃進體內，他被列入女巨人的族譜之中。〈希德拉之歌〉的主角是弗蕾亞，像這樣以她為主的詩歌存世不多；弗蕾亞騎著金鬃公豬——顯然就是她哥哥的那頭坐騎——去拜訪女巨人希德拉（Hyndla，意思是「小狗」），向她請教一系列關於出身和系譜的問題。實際上，弗蕾亞的坐騎是受其庇護的奧塔——很可能也是她的情人。奧塔為了獲得繼承權，必須背出自己的家譜。儘管希德拉不願幫助弗蕾亞（兩人還簡短地互相嘲弄了幾句），她對問題本身還是很有興趣並提供了大量資訊，甚至超出了奧塔的需要——連洛基懷孕生下女妖的醜聞都說了。在這首詩的結尾，希德拉惡毒地詛咒奧塔，而弗蕾亞則得意揚揚地宣告，奧塔已經獲得了足夠的知識，將會打敗他的對手安甘提爾（Angantýr），獲得繼承權。

洛基的子女：中庭巨蟒、魔狼芬里爾和冥界女神海拉。威利・波加尼（Willy Pogany）1920 年繪。

洛基的子女　◇

　　洛基和妻子希格恩育有兩個兒子，一子名為瓦利或納爾（但考量為巴德爾復仇的奧丁么子也叫做瓦利，因此洛基之子不大可能叫這個名字），另一子則是納菲。他們的命運將在第六章談及。洛基和女巨人安格爾波達也有三個非婚生子女，分別是魔狼芬里爾、中庭巨蟒和冥界女神海拉。這三個怪物讓諸神心生警戒。中庭巨蟒被拋到海裡，在海中銜尾盤繞。海拉有半張臉是健康的粉色肌膚，另外半張臉則呈現出屍體般的藍色；因此，她被派去掌管「霧之國」：那裡是平民（女人、小孩，以及不是戰死沙場的男子）死後的歸處。

　　魔狼芬里爾就留在神域養育，然而牠的食量太大，很快就把諸神吃得傾家蕩產，因而決定必須把芬里爾鎖起來。諸神找

被縛的芬里爾。出自 18 世紀冰島手稿。

不到強度足夠結實的鎖鏈，試了好幾次都失敗，逗得芬里爾大樂。於是，諸神與矮人達成約定，要矮人打造一條魔法鎖鏈來綁住芬里爾。這條魔法鎖鏈是由六種材料構成，其中熊的肌腱和鳥的唾液是比較常見的東西，但還有幾樣材料根本不是世間之物，諸如：貓的腳步聲、女人的鬍鬚、大山的根、魚的呼吸。矮人用這些材料造出來的鎖鏈輕軟絲滑，就像是一條無害的緞帶。芬里爾感覺這東西有蹊蹺。牠答應試著戴上鐐銬，不過要求諸神保證，萬一牠無法掙脫鎖鏈，諸神必須為牠鬆綁。當諸神正在猶豫時，提爾勇敢地站出來，把右手放在芬里爾的嘴裡作為擔保。芬里爾的爪子被鎖鏈捆住後，一待牠開始掙扎，鎖鏈立刻變得堅逾鐵石。然後，斯諾里說：「所有神都笑了，除了提爾之外，因為他失去一隻手。」芬里爾被關在山洞裡，上顎與下顎之間被一把寶劍撐開，如此一來牠的嘴就合不攏了。牠的嘴裡源源不斷地淌下唾液，在另一世界匯成一條大河。牠在那裡等待著時間的終結，等待著諸神黃昏的到來。

洛基的怪物子女

洛基的子女代表這個被創造出來的世界，形而上的局限之處。芬里爾是時間之力的具象化；牠的親族伸長舌頭、張大嘴巴，穿過天空追逐著太陽和月亮的軌跡。在世界末日那一天，牠們將徹底吞噬日月。中庭巨蟒標示已知海域的邊界；牠也被稱作「世界之環」（All-Lands-Girdler），頭尾相接，將整個世界環抱其中。海拉是死亡的人格化，我們將在後面看到，她是好客的女主人，殷勤迎接死者來到她的宮殿，來到這個再也無法離開的歸宿。在第二章，我們認識許多熱情誘人的致命女性，她們等待著男子的到來，準備用永恆的懷抱迎接他們——海拉就是這些女子的原型。

關於洛基及他在世界末日的前兆事件中的特殊角色，第六章將會另行敘述。下一章，我們將轉而介紹北歐傳說的人類英雄：《皇家手稿》的後半部都是歌頌他們的英雄史詩。這些英雄是沃爾松格（Völsungr），他的兒子西格蒙德（Sigmundr），以及西格蒙德的後裔——他們都夠資格進入英靈殿。

4

配享英靈殿的
人類英雄

保護神奧丁　✕

　　在所有的神祇之中，人們最樂於向奧丁和索爾祈求幫助，至少現存的文獻是這樣記載的。由於英雄文學主要是為社會精英所寫，難怪時常描寫奧丁是君王的先祖、是英雄的保護神。奧丁在〈格里姆尼爾之歌〉有一場華麗的演說，展現自己的智慧；他被人綁在兩堆篝火之間，滴水未進，受了八夜的折磨。國王的兒子阿格納（Agnarr）給了他一角杯酒，引得奧丁揭露自己的身分和力量。奧丁一開始是如何落到這步田地呢？詩前面有篇可能是後來添補的散文，介紹奧丁和弗麗嘉撫養了何勞東國王（King Hrauðungr）的兩個兒子。阿格納和蓋爾羅德（Geirrøðr）這對兄弟本來打算出海釣魚，結果漂離故鄉。他們攀上一處海岸，附近正巧有戶小農。老農婦選擇看顧哥哥阿格納，而老農夫則擔負起照料弟弟。其實，這對老夫妻是奧丁和弗麗嘉喬裝打扮的。第二年春天，老農夫找來一艘船送兄弟倆返回家鄉。離別之前，他在蓋爾羅德耳邊悄聲耳語。當他們抵達父親的疆土時，蓋爾羅德搶先跳上岸，巧妙一推，把哥哥

連船一起推到海裡，喊道：「滾到巨怪那裡去吧！」小船越漂越遠，阿格納的身影在海中消失了。

　　後來有一天，奧丁和弗麗嘉坐在至高王座希利德斯凱拉夫上，放眼展望世界。奧丁忍不住想要證明自己更勝一籌。他說：「看！妳的養子在山洞裡和女食人魔生養孩子呢。而我的養子正在統治王國。」弗麗嘉反駁道，蓋爾羅德根本不是賢明的國王；他捨不得和人分享食物，要是認為客人太多，就會折磨他們。奧丁決定親自去調查清楚。弗麗嘉派侍女芙拉先去警告蓋爾羅德，說有名巫師將會來拜訪。蓋爾羅德立刻把來客抓起來拷問。奧丁在一段慷慨激昂的獨白後，結尾揭示了自己的身分：

恐怖者就要帶走
被兵器殺害的將死之人；
我知道你的生命已終結；
狄絲已將你背棄，如今你可瞻仰奧丁，
若是有膽你就上前！

────────────────────〈格里姆尼爾之歌〉第 53 節

　　蓋爾羅德急忙上前解救這位客人，不料滑了一跤，剛好倒在自己的利劍上，一命嗚呼了。後來由他的兒子阿格納繼承王位——蓋爾羅德為兒子取的名字和遭他背叛的哥哥同名。

　　奧丁作為王權之神，必須確保統治者慷慨大方，這是他們必須履行的重要職責。然而，奧丁在這則小故事中的角色也承認，欺詐和機變是奪取王位的決定性要素。儘管這篇散文補遺

弗麗嘉和奧丁坐在至高王座希利德斯凱拉夫上。弗麗嘉聲稱受奧丁庇護的蓋
爾羅德國王對待客人十分吝嗇，因此贏了奧丁。勞倫斯‧弗洛里希1895年繪。

的作者認為，指責蓋爾羅德吝嗇明顯有失公正，奧丁遭受折磨
也是弗麗嘉譭謗的結果；然而，蓋爾羅德畢竟虐待了客人——
不管客人是不是巫師——那麼國王的判斷力就應該受到質疑。
蓋爾羅德對哥哥耍詐，幾乎可以肯定是出於奧丁的煽動，但命
運——或者說神祇的干預，諸神之間私下的遊戲——最終讓第
二個阿格納登上王位。這位阿格納國王受到奧丁的垂青，因為
他給過奧丁一角杯酒，相當於獻上祭品，默認奧丁的身分。阿
格納繼位之後，統治了國家很長一段時間。

沃爾松家族和樹中劍　◇

　　本節要講的王朝是沃爾松家族，這個家族的歷史和奧丁緊密
相連。根據他們大約創作於1250年的家族史詩記載，系譜第
一人正是奧丁之子希吉（Sigi）。希吉因殺死一名奴隸而被流

魔法蘋果

王朝代代相傳，不能不接續香火。希吉之子利里爾的妻子卻始終沒有為他生下子嗣。於是，弗麗嘉便請奧丁出手相助。奧丁派女武神送去一顆魔法蘋果。利里爾和妻子（可能是位王后）當即分食蘋果，隨即有了身孕，但懷胎的時間卻長達六年！王后難產剖腹生出一個大塊頭嬰兒，他就是沃爾松格（Völsungr）。沃爾松格長大以後，娶了當年助他父母懷孕的女武神為妻。女武神為他生下足足十個兒子和一個女兒，其中最小的是一對龍鳳胎：男的叫做西格蒙德，女的叫做希格妮（Signý）。

放；奧丁為他安排幾艘戰船，希吉便乘船突襲。他獲得一筆財富後，創建自己的王國，娶得佳人為伴。結果，他的小舅子策畫謀反，趁希吉之子利里爾（Rerir）出門在外，謀殺了希吉。後來，利里爾返回家鄉，殺死所有參與謀殺的反叛者。就這樣，血親謀殺和謀反叛亂從一開始就刻進沃爾松的家族史。

他的女兒希格妮長大以後，沃爾松格將她許配給瑞典南部約特蘭（Gautland）的希吉爾國王（King Siggeirr）。舉辦婚宴之時，一個獨眼老人突然走進沃爾松宮殿。他把兜帽拉得很低，遮住了雙眼，手中握著一把出鞘的寶劍。他將寶劍插入大殿正中的大樹布蘭斯托克（Barnstokkr），寶劍沒入樹幹，只露出劍柄。老人宣布，不管是誰，只要有人能從樹裡拔出寶劍，劍就歸他所有：世間再無第二把神兵利器能與之爭鋒。

就像亞瑟王神話的石中劍，這把劍也只能被神選中的人拔

樹中劍

我們知道，這名來到沃爾松宮殿，將一把寶劍插進樹裡的神祕陌生人正是奧丁。往好處想，他之所以這麼做，是為了給自己後裔的下一代贈送禮物。或者也可以認為，奧丁這麼做其實是種下禍亂的根源，他想看看沃爾松格的 10 個兒子誰才配得延續血脈。沃爾松宮殿中的大樹布蘭斯托克讓我們聯想到世界之樹，因為世界之樹縱貫世界的中軸，就像布蘭斯托克貫穿沃爾松大殿的中央。布蘭斯托克的意思是「子孫柱」，凸顯了這部史詩對系譜的關注：沃爾松王朝從暴躁傲慢的希吉，傳到沃爾松格及其子嗣，系譜是從神與女武神所生的英雄之子開始，神力傳給更加人性化的英傑，儘管其父母的受孕方式還是有些傳奇。

奧丁把寶劍插在沃爾松宮殿中的大樹布蘭斯托克。埃米爾・多普勒 1905 年繪。

被縛的西格蒙德咬住巨狼的舌頭。威利‧波加尼 1920 年繪。

出來；到頭來，拔出劍的人是希格妮的孿生哥哥西格蒙德。他的新妹夫希吉爾提出，願意用三倍重量的黃金交換寶劍，卻遭到西格蒙德的拒絕：如果上天注定寶劍歸希吉爾所有，那麼他就應該能拔出來。希吉爾沒有再做糾纏，但禍患的伏筆已經埋下。不久之後，希吉爾和希格妮回請沃爾松格父子，邀他們來約特蘭作客。然而，這其實是一個陷阱。希吉爾襲擊了妻子的親族，沃爾松格當場戰死，10 個哥哥淪為俘虜。

　希格妮竭盡全力，想要從丈夫的刀下救出哥哥們，乞求丈夫別殺了他們；希吉爾遂將十兄弟丟在樹林裡，綁在樹幹上。當希格妮還在籌畫如何營救哥哥，時間卻在一天天地過去。每天晚上，樹林裡都會出現一頭巨狼（有人說狼是希吉爾的巫婆母親變的）吃掉十兄弟中的一個，最後只剩下西格蒙德。希格妮終於找出解救的辦法。她派僕人給孿生哥哥送去一些蜂蜜；西格蒙德將蜂蜜塗在臉上，等待巫婆化身的巨狼。巨狼到來之後，並沒有直接把他吞下肚，而是先舔了他臉上的蜂蜜。西格蒙德抓住機會，張口咬住巨狼的舌頭，緊咬不放，直到咬斷為止。巨狼在劇痛之中掙扎翻滾，抓碎了綁著西格蒙德的木柱；

最後，巨狼痛苦而死，西格蒙德得以逃入森林深處。

復仇、亂倫和狼人 ◇

　　西格蒙德孤身一人，無法對抗希吉爾麾下的大軍，根本沒機會報仇雪恨。希吉妮和她的殺父仇人倒是生下了兩個兒子，可她測試過兒子們的膽識氣概，發現他們太過孱弱，無法和他們的舅舅一起並肩作戰，後來他們都死了。希吉妮生不出一個足以擔負大任的復仇者，十分沮喪。她和一個流浪的女巫交換了容貌，然後去找西格蒙德。兩人在西格蒙德的地下巢穴中一度春宵，而由女巫代替希吉妮陪在希吉爾身邊。就這樣，希吉妮生下純正血統的沃爾松後裔：辛弗尤特（Sinfjötli）。他輕鬆通過母親和舅舅設下的所有考驗，於是被送到西格蒙德身邊，和他一起生活。辛弗尤特極為強悍，他和父親在森林裡找到幾張可變身的狼皮後，就化為狼形，父子一起當過一段時間狼人。然而，有一次他們以狼的形態廝打起來，西格蒙德失手咬穿親生兒子的喉嚨。所幸有一隻烏鴉（無疑的就是奧丁）為悲痛的西格蒙德送來一株魔法藥草，辛弗尤特得以起死回生。否則，他們的復仇大計就化為泡影了。

　　父子兩人做好復仇的準備後，前往希吉爾的宮殿復仇。他們潛伏在外屋，躲在一堆酒桶後面。不料，希吉妮生的兩個小孩中有一個發現了他們的蹤跡。希吉妮勸他們殺掉兩子，以防走漏風聲。但西格蒙德心軟了，不願親手殺死外甥們；而辛弗尤特卻毫無心理負擔。他把兩個異父的手足都殺了，還把屍體扔

在希吉爾面前挑釁。後來，西格蒙德和辛弗尤特雙雙被俘，被深埋在墓穴之中。但憑藉希格妮的幫助，他們再一次逃脫了，更放火點燃希吉爾的宮殿。希格妮向辛弗尤特披露身世，吻了吻自己的哥哥和孩子，主動投身火海。她這一生只為了替父兄報仇，如今夙願已了，再也不願背負著亂倫的恥辱苟活下去。

最終，西格蒙德帶著身世離奇的兒子回到祖輩的土地。他娶了妻子，又生下兩個兒子，他們的故事將在下文講到。辛弗尤特忠心耿耿地輔佐兩個同父異母的弟弟，但終究死於繼母的背叛。

辛弗尤特的考驗

希格妮在將辛弗尤特派往西格蒙德身邊之前，先把襯衣縫在他的身上。縫衣針穿過血肉和布料，彼此緊黏。接著，希格妮又把襯衣從辛弗尤特身上扯下來，問他覺不覺得疼。男孩驕傲地回答：「我爺爺沃爾松格不會為此感到痛苦。」希格妮受到鼓舞，便派他去森林找西格蒙德。西格蒙德給了他一袋麵粉，讓他在自己外出期間做成麵包。西格蒙德回來以後，辛弗尤特把做好的麵包遞給他。西格蒙德沒有吃，因為他在麵粉袋子裡藏了一條毒蛇。辛弗尤特說，他注意到袋子裡有東西在動，但他照樣把那東西一起揉進麵團裡，直到牠不再動彈為止。希格妮和希吉爾所生的孩子也曾面對同樣的考驗，但他們一看到袋子裡有東西蠕動就嚇傻了，更別提做麵包了。顯然，辛弗尤特足夠凶猛，可以為死去的祖父和舅舅復仇。

辛弗尤特之死

西格蒙德新娶的妻子叫做柏格希爾德（Borghildr）。柏格希爾德有個兄弟，和辛弗尤特追求著同一名女子。兩個情敵展開對決。柏格希爾德的兄弟被辛弗尤特殺死了。於是，柏格希爾德準備一角杯毒酒，遞給繼子。辛弗尤特十分機警，看出毒酒的形態有異，接連兩次向父親說出自己的疑慮。西格蒙德百毒不侵，聽了這話不甚耐煩，拿過酒杯一飲而盡，完全感覺不出異樣。柏格希爾德第三次送上毒酒給辛弗尤特，他再度重申自己的疑慮：「父親，這杯酒是濁的！」西格蒙德答道：「用你的鬍子濾一下就得了，孩子！」辛弗尤特只得飲下，果然中毒身亡。西格蒙德痛苦萬分，抱起屍體奪門而出，直到被一道海灣阻下腳步。這時，海灣邊出現了一名船夫。船夫表示可以載西格蒙德渡海，但他的船太小，僅能容下一具屍體，要西格蒙德徒步繞過海灣。然後船夫撐船離去，消失不見了。這一次，即使不說明這名船夫是個獨眼老人，我們也能猜出他就是奧丁。他來迎接辛弗尤特，帶他前往英靈殿。

西格蒙德把兒子辛弗尤特的屍體遞給神祕的船夫。約翰內斯·蓋爾茨1901年繪。

1896 年華格納的歌劇《女武神》（*Die Walküre*）中的女武神們。

被獻祭的英雄海爾吉 ♀

　　《沃爾松傳奇》（*Saga of the Völsungs*）還穿插兩首埃達詩歌，講的是西格蒙德和柏格希爾德之子海爾吉的故事。海爾吉這個名字的意思是「被獻祭者」，他的故事可以歸為一種反覆出現的傳說：英雄和女武神墜入愛河（參見第 35 頁）。海爾吉的故事之所以被插入沃爾松家族圈中，是因為這名被獻祭的英雄，雖然不是西格蒙德親生，但他視如己出。海爾吉十分早熟，就和奧丁之子瓦利一樣：

西格蒙德的兒子披甲挺立，
昨天他才剛剛出生；新的一天已經來臨！
目光銳利有如武士，
他是群狼的好朋友，我們應當歡欣鼓舞。

—————————〈殺死匈丁的海爾吉之第一首歌〉（*First Poem of Helgi, Slayer of Hundingr*）第 6 節

　　烏鴉們互望，牠們對這個出類拔萃的孩子滿懷期待，興奮地盼望著他能給這些「戰亂之獸」帶來屍體的盛宴。

———
戰亂之獸

戰亂之獸包括烏鴉、鷹和狼。在日耳曼傳說中，牠們可以預知戰爭發生的時間，提前來到殺戮之地，貪婪地等待腐肉的盛宴。在北歐詩歌中，誇獎一位國王常常為狼群提供早餐，乃是對君主的最高讚譽。

　　海爾吉嶄露頭角時年僅 15 歲，他殺死了匈丁國王和諸王子。海爾吉在凱旋的路上，遇見了希格露恩（Sigrún）。這名美麗的女武神傾慕於他，懇請他幫忙解決自己的終身大事。她的父親想將她許配給胡德布羅德（Höðbroddr），希格露恩補充道：「可是，海爾吉，要讓我說說胡德布羅德／作為國王他弱小得像隻貓咪！」海爾吉答應助她一臂之力。儘管詩中把大海寫得危險萬狀、動人心魄，海爾吉還是跨過海洋，抵達胡德布羅德

的國度。胡德布羅德及其人馬正在那裡等他：

船槳擊水金鐵相交，
盾牌撞上盾牌，維京勇士繼續划槳；
在貴族的指揮下一路飛馳，
將領的船隻衝到遠洋之上。

海爾吉命人放下高高的風帆，
他的船員不懼迎擊海浪，
埃吉爾可怕的女兒
想要掀翻這匹套著籠頭的波上駿馬。

—————————————〈殺死匈丁的海爾吉之第一首歌〉第 27、29 節

哥特蘭尚維德（Tjängvide）畫像石上的維京時代航船。

「埃吉爾可怕的女兒」就是海浪，「套著籠頭的波上駿馬」則是海爾吉的長船。這場戰鬥以海爾吉的勝利告終，欣喜若狂的希格露恩投入了他的懷抱。〈殺死匈丁的海爾吉之第一首歌〉就在這裡結束了；而〈第二首歌〉對故事的前面做了更加詳細的說明，希格露恩也顯得更加人性化。身為一個女武神，她本該為廝殺歡欣雀躍，但當她聽聞父親和兄弟死傷殆盡，僅剩一人，她還是難過得畏縮不前，即便這讓她有了選擇丈夫的自由。海爾吉和希格露恩倖存的兄弟達格（Dagr）達成和平協定，可不久之後，達格為報仇雪恨向奧丁獻祭。奧丁賜給他一支矛，他就用這支矛殺了海爾吉。

　　海爾吉的亡魂還逗留在人世間；有個侍女告訴希格露恩，她看到了海爾吉的亡魂，他帶領著隨從，騎馬進入墳塋。希格露恩高興極了，「就像奧丁貪婪的鷹隼／得知了殺戮的消息，嗅到了熱氣騰騰的血肉」；正如海爾吉出生之時的那群烏鴉，欣喜地對他的勇猛讚譽有加。希格露恩毫不畏懼，和丈夫亡魂在墳堆之間度過最後一個熱情似火的夜晚。她親吻他血跡斑斑的嘴唇，與他共飲美酒。海爾吉告訴她，他之所以無法得安寧，是被她的眼淚驚擾；她的悲傷過於深重，以至於他無法前往英靈殿。黎明到來，海爾吉和隨從騎馬前往英靈殿，一去不復返了。儘管希格露恩終於肯讓她的丈夫離開，但她的悲傷依然無法消散，不久便鬱鬱而終。

屠龍者希格爾德　◇

辛弗尤特死後，西格蒙德和柏格希爾德的夫妻也做不成了，沒有子嗣繼承王位。於是西格蒙德向艾利米國王（King Eylimi）求親，想要迎娶比他年輕許多的約爾荻絲（Hjördís）公主。而被海爾吉殺死的匈丁國王之子，萊格尼國王（King Lyngvi）也前去求親。約爾荻絲在兩人之間，選擇年紀較大但威名更盛的西格蒙德，與他締結良緣。於是，萊格尼率軍入侵作為報復。西格蒙德和岳父攜手抵抗侵略。此時約爾荻絲已有

華格納的版本

華格納的《女武神》是《尼伯龍根的指環》歌劇系列的第二部。在這部歌劇中，西格蒙德和妹妹齊格琳德（Sieglinde）長期分離；妹妹嫁給匈丁，生活並不幸福。西格蒙德為了擺脫敵人，來到妹妹家避難，而兄妹倆卻墜入愛河。儘管明知彼此之間有血緣關係，他們還是有了夫妻之實。次日，西格蒙德不得不與匈丁決鬥，沃坦判定西格蒙德將會落敗。沃坦派自己的女兒女武神布倫希爾德前去監督戰況。然而，她憐惜西格蒙德英勇過人，差點讓他獲勝。此時，沃坦突然出現，揮出自己的永恆之槍昆古尼爾，擊碎了西格蒙德的寶劍諾通（Nothung）。西格蒙德死在匈丁手裡。布倫希爾德拾起寶劍的碎片，帶著齊格琳德一起逃走了。沃坦為了懲罰犯錯的女兒，剝奪她的神格，諭令她必將嫁為人妻。懷有身孕的齊格琳德逃入樹林藏身，後來生下了大英雄齊格菲。

1938 年，在華格納《女武神》歌劇中扮演女武神布倫希爾德的齊爾斯騰．芙拉格斯塔特（Kirsten Flagstad）。

身孕，便和僕從逃入樹林藏身。西格蒙德雖然年事已高，但神勇依舊、無人能敵，直至一個戴著寬兜帽、披著深色斗篷的獨眼男子出現在他面前。這人用長矛格擋西格蒙德的寶劍，寶劍遭此一擊四分五裂。戰場上的形勢登時逆轉，西格蒙德和岳父艾利米雙雙戰死。

　　約爾荻絲從瀕死的丈夫身邊拾取寶劍的殘骸，然後被西格蒙德的盟友，埃爾弗國王（King Álfr）從戰場上救了回去。約爾荻絲在埃爾弗的宮廷裡，生下希格爾德（Sigurðr）。孩子是由鐵匠雷金（Reginn）撫養長大。但雷金自有他的目的：他想利用希格爾德這位年輕的英雄殺死他的親兄弟——魔龍法夫尼爾（Fáfnir），並奪取魔龍守衛的寶藏。然而希格爾德卻有更重要的事要做。他的養父讓他去馬場挑匹坐騎，他在那裡遇見一名留著落腮鬍的男子。希格爾德聽從落腮鬍男子的建議，選中

左邊為雷金，右邊為希格爾德，兩人正在重鑄西格蒙德的寶劍格拉姆。此為挪威希勒斯塔德（Hylestad）教堂木門上的雕刻細節，時間約為 1200 年。

法夫尼爾化身為龍

雷金和法夫尼爾是親兄弟，他們還有一個弟弟歐特（Otr）。歐特常常變成水獺下水捉魚。有一天，洛基、奧丁和霍尼爾碰到變成水獺的歐特，洛基朝牠扔了一塊石頭，把牠砸死了。三位神剝下水獺的毛皮，又貿然在歐特的父親赫瑞德瑪爾（Hreiðmarr）面前拿了出來。赫瑞德瑪爾當即為了兒子的死向他們索要賠償。諸神只好逮住矮人安德瓦利（Andvari），拿走他全部的黃金，連一枚指環都沒有放過。憤怒的矮人在戒指下了詛咒。寶藏剛落到赫瑞德瑪爾手中，立刻招致兩個兒子的覬覦；法夫尼爾為了寶藏而殺死父親。顯然詛咒生效了！法夫尼爾變成了一條龍，整天躺在財寶堆上，與此同時，雷金則盤算著如何從牠手中奪取黃金。

一匹叫做格拉尼（Grani）的駿馬。這男子告訴他，此馬正是奧丁的坐騎八足天馬斯萊普尼爾的後代。不久之後，希格爾德就立下第一樁英雄事蹟。雷金為希格爾德重鑄了西格蒙德的寶劍格拉姆（Gramr）。希格爾德出海征討萊格尼國王，為父報仇。他大獲全勝，贏得盛名。時機已到，他將屠殺惡龍，證明自己的英雄氣概。

　雷金帶著希格爾德前往巨龍盤踞的荒原，法夫尼爾日日躺在那裡成堆的黃金上。雷金建議希格爾德在地上挖個坑，藏身其中，趁巨龍爬去河邊飲水時，他就可以由下往上捅穿巨龍的心臟，全身而退。當他準備動手挖坑時，一個留著落腮鬍的老人出現在他面前，建議他多挖幾個坑，如此一來就能讓龍的毒血安全地淌到別處去。老人說完話就消失了。這是希格爾德最後一次見到家族的守護神——奧丁。我們將會看到，除了在故事

希格爾德殺死魔龍法夫尼爾。位於挪威希勒斯塔德教堂的木門上的雕刻細節，時間約為 1200 年。

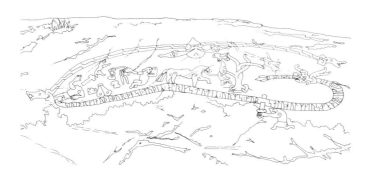

約 1030 年，瑞典的拉姆松德石刻。一圈盧恩符文構成龍身，希格爾德從下往上
將牠刺穿。從左向右，龍身環繞的圖案分別是：死去的雷金、品嘗龍血的希格爾
德、駿馬格拉尼，以及棲息在樹上愛說話的鳥兒們。

最後，奧丁在哈姆迪爾（Hamðir）和蘇爾萊（Sörli）死亡之時
（參見第 174 頁）現身之外，實際上這是奧丁最後一次出現在
這系列的傳說之中。希格爾德和法夫尼爾的對決頗為平淡，毫
無傳奇色彩。挖好的陷阱成功了，巨龍垂死掙扎，在死前向年
輕的英雄傳授一些智慧及預言（「我的兄弟將會置你於死地，
就像他對我所做的一樣。」）。雷金從藏身之地冒出，要希格
爾德為他燒烤龍心，自己卻去休息了。希格爾德奉命行事。烤
著烤著，他戳了戳心臟，想看看烤熟沒有，結果被灼熱的心臟
燙傷手指。他含住手指想要緩解痛苦，突然間發現自己能聽懂
鳥兒說話了。一群五子雀棲息於旁，嘰嘰喳喳地警告他：就像
法夫尼爾所說的那樣，雷金打算把他殺死，獨占黃金。希格爾
德防患於未然，砍下了雷金的頭，讓格拉尼馱著寶藏，開始下
一段征途：去欣德費爾（Hindarfjall）山邂逅沉睡的女武神。

畫像石上的希格爾德

維京時代的石碑上常常繪有希格爾德的歷險，最知名的版本
就是瑞典的拉姆松德石刻。石刻上展現故事全程，從歐特之
死，到希格爾德屠龍（希格爾德刺穿的盧恩符文條帶就是龍
身），再到火烤龍心、鳥兒預警，以及最後的雷金之死。在
瑞典還發現一些其他盧恩石刻，上面描繪著相似的圖像，只
是完好程度有所不同。在英國的石刻上，希格爾德舔舐大拇
指的圖案也十分常見，例如在約克郡的里彭（Ripon）和科
比宮（Kirby Hall）就有這樣的發現。在曼島上找到許多石刻
的十字架，上面雕刻著有關希格爾德的場景。還有一塊特別
完好的畫像石，被標記為 Andreas 121。畫面上，希格爾德正
在燒烤法夫尼爾的心臟（還把它們整齊切成一圈圈），並把
手指伸進嘴裡。駿馬格拉尼從他的肩膀上探頭張望，豎著耳
朵傾聽鳥兒們的交談。我們還能在曼島的其他地方看到希格
爾德屠龍的畫像；有一塊石刻展現了洛基投石打死歐特和格
拉尼馱著黃金的場景。

希格爾德燒烤著切成薄片的法夫尼爾之
心，格拉尼探過他的肩頭張望。見於曼
島維京時代石刻十字架 Andreas 121 的
細節。

托爾金筆下的龍

托爾金在《哈比人》創作了一頭名叫史矛革（Smaug）的龍，
這個名字源自於古諾斯語的「爬行」。史矛革的參考對象就
是《貝武夫》中的龍，一種可以飛行噴火的怪物。除此之外，
史矛革還能口吐人言，這就不像古英語史詩中的龍了，更像
巨龍法夫尼爾。哈比人比爾博和史矛革交談許久，用謎語般
的對話轉移了牠的注意力。與此同時，比爾博窺測出巨龍的
弱點——牠腋窩處的鱗甲薄弱。一隻友善的畫眉鳥把這個祕
訣告訴弓箭手巴德（Bard），使他得以射下翱翔空中的巨龍。
巴德是河谷鎮（Dale）的後裔；他們全都像希格爾德一樣，
可以聽懂鳥兒的話。

　　《沃爾松傳奇》是基於早先的埃達詩歌寫成的，而古英語史
詩《貝武夫》可能比原本的埃達詩歌還要古老。在《貝武夫》
中，屠龍之戰歸功於西格蒙德，而非他的兒子希格爾德，而且
戰鬥場面更為驚心動魄。貝武夫也參與這場史詩之戰，對抗潛
伏在他王國古墓中貪戀財寶的巨龍。巨龍因為有人盜走牠一隻
金杯，勃然大怒，四處噴火破壞。貝武夫在年輕親戚威格拉夫
（Wiglaf）的幫助下，殺死怪獸，拯救人民，贏得寶藏，卻付
出了生命的代價。《貝武夫》中的巨龍生有雙翼，還能噴出火
焰，比蜿蜒爬行的法夫尼爾更難對付；要想殺死牠，必須把牠
困在古墓之中，扛住牠的火焰吐息和牠貼身肉搏。北歐還有另
外一位偉大的屠龍者，名叫毛褲子拉格納，第五章會講到他的
故事。他不但用計殺死怪獸，還留得性命將故事傳揚出去。

希格爾德和女武神　◇

　　希格爾德吃下法夫尼爾的心臟後，按照友善鳥兒的指引，前往欣德費爾。這座山峰四周有盾牆環繞，圍牆裡則有一位披著鎖子甲的女武神沉睡著。她違背奧丁的命令，將勝利賜予一位年輕英俊的王子，讓他擊敗了年長的對手，因此受到奧丁的懲罰：奧丁用沉睡荊棘將她刺傷，並諭令她必將嫁為人妻。希格爾德這位年輕的英雄喚醒了沉睡的女武神，獲得她熱情的歡迎。女武神給了他一杯「記憶之酒」，向他傳授種種魔法技藝和處世之道。接下來的故事在北歐神話中出現了不同的版本。埃達詩歌把這位女武神稱作西格德里弗（Sigrdrífa，意思是「勝利的推動者」），而且她的建議還沒說完，詩歌就結束了，後面一整段手稿也已遺失。在接下來一首詩中，希格爾德已經來到了凶烏基家族（Gjúkungs）（詳見下文）的王庭，因為妻舅的欺騙陷入三角戀情之中。另一方面，在《沃爾松傳奇》中，這位女武神的名字變成了布倫希爾德，她取代西格德里弗的角色，但不僅向英雄提出重要的忠告，還有更多功用。

　　布倫希爾德這個角色裡顯然有女武神的成分，因為在傳奇中，希格爾德在山上對她許下婚約後，繼續騎馬上路。至少在傳奇中，這名年輕人把英雄—史詩的世界拋在身後，進入了宮廷的浪漫氛圍；而這裡和過去的所有王宮一般，充滿了兩面三刀的權謀。儘管希格爾德先發制人殺死自己的養父，但他還沒有準備好如何應對即將遭遇的種種政治伎倆。

　　希格爾德來到凶烏基家族的王宮，宮殿坐落於萊茵河畔的沃爾姆斯（Worms）。古恩納爾（Gunnarr）和霍格尼（Högni）

西方四大神話 1

冰與火之北歐神話

柏林齊格菲噴泉中的希格爾德（即齊格菲），及坐騎格拉尼的雕像。小埃米爾‧考爾（Emil Cauer the Younger）塑於 1911 年。

兩位王子熱情歡迎他，格莉希爾德（Grímhildr）王后意欲和他聯姻，把自己的女兒古德露恩公主嫁給他。古德露恩很快就愛上了英俊的來客。格莉希爾德王后讓希格爾德喝下帶有魔力的「遺忘之酒」，讓他忘記了從前和女武神的山盟海誓，很快就和古德露恩許下了婚約。另一方面，古恩納爾王子決心覓一佳人為妻，恰巧聽聞女武神布倫希爾德的芳名。布倫希爾德住在火牆環繞的宮殿裡，發下誓言，只有越過火牆的勇士才能成為她的丈夫。古恩納爾和希格爾德這兩個年輕人一同前往。古恩納爾的馬匹被火牆嚇得止步不前，只有希格爾德的坐騎格拉尼才有膽越過熊熊烈焰。藉助格莉希爾德的魔法，古恩納爾和希格爾德互換容貌。希格爾德頂著古恩納爾的臉，跨過火牆，和布倫希爾德共度三夜。每天晚上，他都把自己的寶劍放在床中間，以證兩人的清白。布倫希爾德十分懊惱，懷疑事情不對勁：難道不是只有她的未婚夫希格爾德才可以跨越火牆嗎？為什麼

現在要娶她為妻的人卻是古恩納爾？

　　兩對新人一起舉行婚禮，古恩納爾王子娶女武神布倫希爾德，古德露恩公主則嫁給希格爾德。在婚禮上，「遺忘之酒」的效力消退了；希格爾德想起曾經對女武神發下的誓言，卻決定保持沉默。而布倫希爾德對希格爾德的背叛感到又驚又痛。後來有一天，當古德露恩和布倫希爾德兩女一同在河中沐浴，談起前事，她們陷入爭執。古德露恩向嫂嫂布倫希爾德揭露事情的真相，女武神終於知道自己上當受騙了。布倫希爾德把自己關在房裡，一心想要報復。古恩納爾和霍格尼兩位王子都安慰不了布倫希爾德。哪怕悔恨的希格爾德提出休掉公主再迎娶她，也無法平息布倫希爾德的怒火：

我一定要擁有希格爾德──不然就要了他的性命──
我必會把那個年輕人抱在懷中。

此刻說出的話稍後將令我追悔，
他已有古德露恩為妻，而我嫁給了古恩納爾；
可恨的諾倫女神讓我們永受折磨。

我已失去幸福也沒了丈夫，
只能從殘忍的念頭裡獲得撫慰。

　　──────〈希格爾德的短詩〉（*Short Poem About Sigurdr*）第 6、7、9 節

　　還有一些分歧之處出現在埃達詩歌缺失的幾頁之後。不同於傳奇，詩歌接下來描述布倫希爾德的哥哥艾特禮（Atli）逼她

嫁給古恩納爾，她若不從，就拿不到屬於自己的那份遺產。布倫希爾德不願犧牲自己的自由，便設下火牆的考驗，發誓只嫁給能夠越過火牆的勇士，也就是希格爾德——然而她受到了欺騙，誓言沒能兌現。後來，布倫希爾德告訴古恩納爾，希格爾德才是她第一個男人；有鑑於他們之前已經有過婚約，這麼說也不無道理（而且在另一個傳說中，他們倆還有一個女兒，參見第五章）。古恩納爾誤解了她的話，以為希格爾德向他撒謊，在跨過火牆之後並沒有和布倫希爾德保持距離以示清白。古恩納爾不想失去布倫希爾德和她的財產，但布倫希爾德卻不願順從於他。霍格尼則衷心希望，要是他們都不曾見過布倫希爾德就好了。布倫希爾德想置希格爾德於死地。

沃爾松傳說的現代重構

作家馬文·伯吉斯（Melvin Burgess）曾經以沃爾松傳說為本，寫過兩部青少年小說。故事設定在賽博龐克式的未來英國，基因工程已經普及，敵對的黑幫勢力爭奪著倫敦的控制權。1999 年出版的第一本《血潮》（*Bloodtide*）重述西格蒙德和希格妮的故事，2005 年出版的第二本《血頌》（*Bloodsong*）則追尋希格爾德的命運：他需要從地下城解救出被困的布萊安妮（Bryony）——相當於布倫希爾德的角色；以及面對古納爾（Gunar）和霍格尼兩名朋友對他的欺騙之舉。伯吉斯從電腦遊戲、電影和漫畫中獲取靈感，創造出非凡的想像。兩本小說都生動地重構傳說，並契合青少年追尋自我、探索信念的掙扎努力。

在「諸神黃昏」的結尾，布倫希爾德騎著格拉尼衝進火焰。亞瑟·拉克姆 1911 年繪。

　　這場家庭紛爭很快到了緊要關頭；古恩納爾和霍格尼兄弟曾對希格爾德發過毒誓，因此不敢親自動手。可他們最小的弟弟古特烏姆（Guttormr）不曾許下諾言，他們便給他餵下強力的魔藥，讓他殺死希格爾德。在不同的埃達詩歌中，希格爾德的死亡地點也有所不同。有一首詩說，英雄死於回家途中。失去主人的格拉尼奔馳回家，找到古德露恩，傳遞了英雄的死訊。還有一首詩說希格爾德死在森林裡，是在外出捕獵時被殺，中古高地德語的《尼伯龍根之歌》也是這個版本。在最有分量的一篇古諾斯語傳說中，古特烏姆殺死正躺在床上的希格爾德，旁邊還睡著古德露恩。當古德露恩醒來後，發現自己身躺在丈夫的鮮血之中。古德露恩遭此重創，一開始哭都哭不出來，直到姐妹們讓她看見丈夫的屍體，才放聲大哭。布倫希爾德的怒火依然沒有平息；她對這些女人發出詛咒，怪她們讓古德露恩恢復了理智。後來，古德露恩前往丹麥避難，遠離希格爾德死

後的喧囂紛爭。復仇顯然不在她的考慮範圍之內：若是為丈夫之死，殺死謀害他的哥哥弟弟，她的親族也將被毀滅殆盡，並不能給她帶來補償——況且，又有誰能助她殺人呢？

　　布倫希爾德很快意識到，希格爾德死了，她自己也沒有活下去的理由。她爬上希格爾德火葬的柴堆，準備赴死，在臨死之前做出長篇預言，昭示凶烏基家族黯淡的前景。沃爾松家族就這樣終結了——希格爾德和古德露恩的么子西格蒙德也和父親

華格納筆下的布倫希爾德和齊格菲

在華格納的四部歌劇裡，第三部歌劇《齊格菲》第三幕，布倫希爾德被英雄齊格菲喚醒，兩人似乎打算永遠幸福快樂地生活在一起。可在最後一部歌劇《諸神黃昏》的開頭，齊格菲因為渴望更多的冒險，辭別了愛人，順著萊茵河揚帆而下，來到岡瑟（Gunther）、哈根（Hagen）——尼伯龍根的阿爾伯里希之子，岡瑟同母異父的兄弟——和古特倫（Gutrune）的家族。就像傳奇中所說的那樣，他們用「遺忘之酒」和交換容貌展開了祕密的騙局。布倫希爾德上當受騙，不情不願地嫁給了岡瑟。等到布倫希爾德得知事情的真相，她把齊格菲的致命弱點告訴哈根。當他們去森林裡打獵時，齊格菲就被謀殺了。布倫希爾德決定為愛人殉情，死在火葬的柴堆上，這也預示著諸神的統治就要終結了。由齊格菲贈給布倫希爾德的那枚受到詛咒的戒指，後來又回到了齊格菲手中，最後被布倫希爾德交還給萊茵的仙女，也就是戒指最初的主人。

一起被殺死了。布倫希爾德死得十分壯烈。埃達詩歌《布倫希爾德冥界之旅》（*Helreið Brynhildar*）講述布倫希爾德死後尋找希格爾德的旅程。她路過一個女巨人的家，遭到對方的斥責：「安坐織布更加適合妳／總好過追尋另一個女人的丈夫。」布倫希爾德把女巨人貶為「妳這個蠢到家的女人」，並急切地為自己辯白：「凶烏基的繼承人奪走了我的愛情／還讓我成了不守誓言的人。」說完，她繼續奔向她摯愛的希格爾德，兩人重新聚首之後，不再被拆散了。

古德露恩和艾特禮 ⊗

布倫希爾德無法原諒存心欺騙她的凶烏基家族和犯下無心之失的舊日愛人，在烈烈火焰中謝幕退場。可憐的古德露恩洩露丈夫的祕密，引發一連串悲劇，還不得不想辦法繼續活下去。儘管布倫希爾德在最後的獨白裡對凶烏基家族發出了可怕的警告，古德露恩的家族很快又開始籌畫接她回家，再嫁他人。古德露恩的第二任丈夫是匈人王阿提拉（Attila the Hun）艾特禮，也就是布倫希爾德的哥哥。艾特禮因為凶烏基家族和妹妹的一段恩怨，深恨這個家族。他認為凶烏基家族欠他一個女人，於是古德露恩被送去嫁與他為妻。傳說又出現了不同的版本。在一首詩中，艾特禮和古德露恩一開始琴瑟和諧，「他們情深意濃／當著王公貴族的面相互擁抱」；但在另一首詩中，他們又互相指責，訴說對方的虧欠，展現了婚姻不和的悲慘情景。艾特禮和古德露恩生下了兩個兒子，但艾特禮滿心想的都

是如何獲取妻子前夫的財產，而那些寶藏如今已經落入妻舅的手中。

艾特禮假裝友好地邀請古恩納爾和霍格尼兩兄弟前去拜訪，儘管古德露恩提醒哥哥其中有詐，兩人還是欣然接受。在一首詩中，兩兄弟懷疑艾特禮居心不良，但他們覺得拒絕前往是懦夫之舉；而在另一首詩中，直到他們即將抵達艾特禮的田莊，信使才向他們揭露陰謀。兩兄弟拚命反抗，最終還是被俘。古恩納爾拒絕透露寶藏的所在，除非他先看見霍格尼被挖出心肝。艾特禮試著拿來一個奴隸的心臟，但沒能騙倒古恩納爾，於是真的殺死了霍格尼：「被切開胸膛時霍格尼放聲大笑，／帶著傷疤的鐵匠在世之時絕不會呻吟出聲。」古恩納爾當即知道，寶藏的祕密將和他一起埋進墳墓。他被扔進了一個蛇坑，儘管他在坑裡彈奏豎琴讓蛇平靜下來，但最後還是有條蛇咬到他的心臟，古恩納爾就此氣絕身亡。

與此同時，古德露恩在家中對丈夫施加了可怕的報復。當艾特禮從蛇坑回來後，古德露恩迎了上去，為他奉上美酒和下酒的小菜，其他匈人也都得到一份。待他們吃飽喝足之後，古德露恩才告訴他們剛剛吃的到底是什麼：

你的兩個親生兒子——寶劍的分配者——
心臟和血淋淋的屍體，你都就著蜂蜜嚼得歡；
驕傲的君主，你用死者的血肉填飽了自己的肚子，
把它們當作下酒小菜，自己吃著還分給座上賓客。

────────────────〈艾特禮之歌〉（*Poem of Atli*）第 35 節

蛇坑中的古恩納爾。挪威希勒斯塔德教堂的木門雕刻細節，時間約為 1200 年。

　　古德露恩殺死了她和艾特禮的孩子，還讓艾特禮吃下肚。在這首詩中，古德露恩迅速地終結了一切：她把醉酒的丈夫捅死在床上，放火燒了宮殿，然後投海自盡。但她沒有死成，而是被海浪沖到尤納克爾國王（King Jónakr）的領土，在那裡她遇到了未來的第三任丈夫。

　　在另一首相同主題的詩歌中，古德露恩叫來兩個孩子，戲謔地說：「我一直都想讓你們免受年老之苦。」兩個孩子平靜地接受了自己的命運，還提醒母親：「妳的怒火稍縱即逝／當妳念及此事的後果。」古德露恩殺死了兩個親生孩子，迫使他們的父親收回自己的骨血，這一舉動明白生動地標示她的抗拒之意——雖然她加入了丈夫的系譜，但她並不情願。沃爾松一凶

烏基傳說的後半部分圍繞女性所受的苛待進一步發展：她們只被當成聯姻交換的客體，在透過結盟尋求政治利益之時，幾乎無人關注她們的情感。

「一連串的傷悲」

另一首更晚的詩歌描述，布倫希爾德還有個妹妹奧德隆恩（Oddrún），她深愛古恩納爾，「就像布倫希爾德本來會的那樣」。布倫希爾德死後，殘暴的艾特禮不准奧德隆恩這個妹妹嫁給她鰥居的姐夫。於是，奧德隆恩和古恩納爾成了地下情人，結果被人出賣了。如此一來，艾特禮要殺死古恩納爾更有雙重的理由：除了奪取寶藏之外，還加上要維護家族榮譽。古德露恩和奧德隆恩兩女，都承擔了女性在父權社會和復仇文化的悲痛命運。在埃達詩歌中，古德露恩最後的獨白如下：「致所有女子——願妳們的悲傷都能消減，／現在這一連串的傷悲已經講完了。」

古德露恩為女兒復仇

古德露恩人生最後的婚姻是嫁給尤納克爾國王，並為他生下兩個兒子。悲劇再次發生了。現在才知道古德露恩和希格爾德之前還有一個女兒，叫做絲瓦希爾德（Svanhildr），古德露恩說道：「在我所生的兒女裡面，她才是我心頭最愛／絲瓦希爾德出現在我的廳堂／就像一道明亮耀眼的陽光。」絲瓦希

爾德被安排嫁給哥德王伊爾蒙萊克（Jörmunrekkr）。倫德瓦爾
（Randvér）是伊爾蒙萊克國王和前妻所生的兒子，被派來迎
接新繼母。由於他們兩人年紀相仿，在迎娶回國途中似乎互有
好感。他們是否像 13 世紀初開始在斯堪地那維亞流傳的崔斯
坦（Tristan）和伊索德（Isolde）一樣，雙雙墜入愛河，或那樣
的指控純屬誹謗，並不得而知。但伊爾蒙萊克聽信傳言，認為
自己被戴了綠帽子。他下令吊死自己的兒子，讓新妻子被亂馬
踐踏而死。倫德瓦爾在絞刑架上將拔光羽毛的獵鷹送給父親。
伊爾蒙萊克頓時領悟其中的寓意：他要是殺死唯一的繼承人，
無異於自斷羽翼。但他明白得太晚了，絞刑已經執行了。

　　對古德露恩來說，她和摯愛希格爾德的女兒絲瓦希爾德，
是他們之間最後的聯繫。絲瓦希爾德居然被慘無人道的方式殺
死了，古德露恩要伊爾蒙萊克償命。她喚來哈姆迪爾和蘇爾萊

伊爾蒙萊克國王

伊爾蒙萊克是歷史上真實存在的哥德統治者，在古英語詩歌
《提奧》也有出場（第二章提過《提奧》敘述鐵匠維蘭德的
故事），他因為殘忍暴虐而臭名遠播。在古英語中，他被稱
作 Ermanric，意思是「狼之心」。「那位冷酷的君王！」詩
人這樣告訴我們，許多勇士都熱切盼望有人能推翻他的王
國，讓伊爾蒙萊克下臺。事實上，在古諾斯語史詩中，伊爾
蒙萊克的下場極慘，可以說是罪有應得。

兩個兒子，哭著請他們為姐姐復仇。兩個青年猶豫了——在哥德人的大本營裡攻擊伊爾蒙萊克無異於自殺。而且母親還把他們和舅舅拿來相比，說他們缺乏膽略，兩人指出這種比較有失偏頗：要不是兩個舅舅開啟了冤冤相報的惡性循環，她現在何必還要繼續復仇？他們非得像為哥哥復仇一樣為姐姐雪恨嗎？這一問題懸而未決；在北歐傳說中，很少有女性被殺害，在這種情況下應該運用怎樣的道德倫理，並無一定成規。這段故事先後在兩首詩歌上演。在第一首詩歌中，兩個青年騎馬踏上征途，留下母親為他們和其他已逝的親族哀悼。古德露恩喚人建起高大的橡木火葬柴堆，此時她已準備好將要辭別這個世界，和心愛的希格爾德重逢。她呼喚道：「希格爾德，快勒住那匹漆黑閃亮的駿馬，那四蹄如飛的坐騎——讓牠奔向這裡。」

　　在另一首詩歌中，哈姆迪爾和蘇爾萊受到母親的催促，憤而出發為絲瓦希爾德復仇。他們在前往哥德王宮的路上，遇見同父異母的兄弟埃爾普（Erpr）。埃爾普委婉地提出願意幫助他們，「就像一隻腳幫助另外一隻」。埃爾普這個同父異母的兄弟，用比喻的方式指出血緣至親就是同個身體上的不同部位，但兩個青年故意不理會他的意思，並把他當場擊倒。出乎意料的是，他們成功進入哥德王宮，捉住了伊爾蒙萊克。他們剁掉伊爾蒙萊克的四肢，把砍下的肢體扔進火中焚燒。但是斷肢國王居然理智猶存，意識到這對兄弟有魔法護身刀槍不入，他喚來手下：「用石頭砸死他們！」武士們照辦了。在《沃爾松傳奇》中，下令武士用石頭的人必然是一個突然在宮廷出現的神祕獨眼老人。兩兄弟終於意識到不該殺死埃爾普（「要是埃爾

普還活著，他的人頭現在已落地」）。他們臨死前，讚賞自己在戰場上的英勇表現，把自己比作老鷹，是棲息在死人堆上的戰亂之獸。於是，連環仇殺終於落幕了，凶烏基家族和沃爾松家族再也無人倖存。

　　宏大的沃爾松／凶烏基史詩是北歐最知名、最具影響力的英雄傳說。華格納的歌劇和威廉‧莫里斯（William Morris）的史詩使之名揚天下：1876 年，威廉‧莫里斯出版《沃爾松家族的希格爾德和尼伯龍根的覆滅故事》（*The Story of Sigurd the Volsung and the Fall of the Niblungs*）；同年，華格納的歌劇《尼伯龍根指環》在拜羅伊特（Bayreuth）首次上演。北歐傳奇還留存許多其他英雄的故事，只是他們的道德準則多有微妙之處，使人往往難以評說。我們將在下一章講到其他英雄。

5

維京世界的
英雄們

斯堪地那維亞的英雄們　✕

　　上一章介紹沃爾松家族和凶烏基家族災難性的王朝歷史,展示了這段故事如何被一系列詩歌加以重述,探索了英勇行為的倫理問題及其中的含義:過度重視男性親屬關係,強調聯姻關係而忽略女性的個人感受,復仇的性質充滿爭議,財富的誘惑非同凡響。所有這些要素定義了北歐的英雄主義,並且被日耳曼傳統一併繼承。故事中很少提及利他主義、打敗怪獸拯救人民、對抗敵人入侵的內容,也不曾讓女性自由選擇。沃爾松家族和凶烏基家族的覆滅,提醒英雄的生活不應局限於個人過度的榮譽感。在這一章裡,我們將會認識一些不那麼知名的北歐英雄,瞭解他們對英雄的不同理解。

強者斯塔爾卡德　✕

　　斯塔爾卡德(Starkaðr)的系譜十分複雜;他的祖父是個

巨人，誘拐了一位公主，生下斯塔爾卡德的父親斯托韋爾克（Stórvirkr）。斯托韋爾克一出生就比尋常人高大強壯。他和挪威北部哈洛加蘭（Hálogaland）伯爵的女兒武英（Unnr）墜入愛河，但武英家族並不贊同，兩人只好私奔，藏身在小島上。後來被武英的兄弟找到，一把火將他們的家夷為平地。不過年幼的斯塔爾卡德逃過一劫，被挪威南部阿格德（Agde）的哈拉

煨灶貓（coal-biters）

煨灶貓指的是毫無前途的年輕懶漢，他們整天躺在爐火周圍，什麼有用的事情也不做，因此被叫做煨灶貓。這些人往往安靜而沉悶。他們常常惹得父親大為惱火，而母親卻會為他們辯解，說這些懶散小夥子終將大雞慢啼、長大成才。很多古代北歐英雄在年輕時都是這樣：經典的例子就是盎格魯（德國北部）的奧法（Offa）。在撒克遜記載裡，奧法年輕時不愛說話，曾被他的父親威爾蒙德（Wermund）貶為白痴。後來威爾蒙德雙目失明，鄰近的撒克遜人威脅入侵。威爾蒙德提出和他們的國王對決，但對方宣稱和盲人對決有失身分。奧法受激出戰了。他一人同時對戰兩名撒克遜戰士，手中的寶劍承受不住他的偉力，接連崩裂。威爾蒙德立刻挖出自己昔日的佩劍傳給兒子，這把劍從他失明後就埋了不用，劍的名字很奇怪叫做「碎片」（Skræp）。後來，奧法手持父親的寶劍獲勝，贏得盎格魯人的尊敬。1926 年，托爾金在牛津創設「煨灶貓」社團，這其實是古諾斯語讀書會。在托爾金離開後，這個名字還沿用了很長時間。

爾國王（King Haraldr）收養。不久之後，哈拉爾國王被霍達蘭（Hordaland）——今日的貝根（Bergen）——的國王謀殺，3 歲的斯塔爾卡德又被新養父收養。新養父的名字很奇怪，叫做赫洛斯哈爾—格拉尼（Hrosshárs-Grani），意思是「馬鬃格拉尼」，而格拉尼正是希格爾德赫赫有名的坐騎。9 年後，哈拉爾國王的兒子威卡爾（Víkarr）意圖為父報仇，在赫洛斯哈爾—格拉尼家找到斯塔爾卡德。年輕的斯塔爾卡德那時整天無所事事，像個沒用的「煨灶貓」，不過他體格魁梧、皮膚黝黑——才 12 歲就長出一把落腮鬍！

　　威卡爾把武器交給斯塔爾卡德，帶他乘船出海，尋找殺父仇人。霍達蘭國王和他的武士頑強抵抗，但兄弟倆贏得最終的勝利。不過，斯塔爾卡德卻身負重傷：

他把我砍傷疼痛入骨，
鋒利的寶劍切斷盾牌，
削掉頭盔後直插頭顱。
下頜崩裂直抵後槽牙，
左邊的鎖骨就此報廢。

—————————〈威卡爾之歌片段〉（*Vikarr's Fragment*）第 14 節

　　儘管如此，他還是活了下來。其後 15 年，無論戰爭或和平時期，斯塔爾卡德一直是威卡爾的好友兼左右手。然而，世事無常，適逢劫掠的時節，威卡爾決定再度討伐霍達蘭。但這次船隊遇上逆風。他們拋擲木片占卜原因，發現是奧丁在索要祭品：他們必須吊死一個人。令人震驚的是，抽中索命籤的竟是

威卡爾國王。所有人都沉默了。他們決定隔日再行聚會，商議此事。

　　那天半夜，營地裡出現了一位不速之客，正是赫洛斯哈爾—格拉尼！他悄悄喚醒養子斯塔爾卡德，帶他划船出海，來到一座樹木叢生的小島上。林中有片空地，中間放著 12 把椅子，圍成一個圈。其中 11 把椅子都有人坐了，赫洛斯哈爾—格拉尼便在第 12 把椅子坐下。其餘眾人向他致意，並稱他為奧丁。奧丁宣布，他們之所以聚集於此，乃是為了裁定斯塔爾卡德的命運。索爾也在場，他怎麼看小夥子都不順眼，因為斯塔爾卡德的祖母曾拒絕過索爾的求婚，她愛上一個巨人，也就是斯塔爾卡德的祖父，還和他私奔了——我們都知道索爾有多厭惡巨人。索爾宣告，斯塔爾卡德將會斷子絕孫。奧丁扮演了善良的神仙教母角色，諭示斯塔爾卡德將擁有三段人生。索爾加了句：「每一世，他都會犯下滔天大罪。」兩神繼續交鋒。奧丁說，他的養子會擁有錦衣華服、神兵利器、無數財寶，還能百戰百勝，出口成章，萬人景仰。索爾立刻回以詛咒：斯塔爾卡德將上無片瓦，下無立錐，一毛不拔，貪得無厭；他每有征戰必會負傷，寫下詩篇立即遺忘；儘管他在王公貴族之間備受尊崇，卻遭到凡俗之人畏懼憎恨。諸神一致同意以此作為斯塔爾卡德的命運。赫洛斯哈爾—格拉尼划船把他送回營地。因這一夜的勞碌，赫洛斯哈爾—格拉尼向斯塔爾卡德索要報酬，他答應了。老人說：「給我一位國王。」老人交給斯塔爾卡德一枝看起來像蘆葦但實際上卻是長矛的兵器。

　　次日眾人再聚商議，斯塔爾卡德提出計畫：他們將模擬一

場祭獻儀式，象徵性地把國王獻給奧丁。他找來一根低垂的樹枝，在下面放了樹墩。他們殺死一頭小牛，把牛腸擰成絞索的樣子掛在樹枝上。威卡爾欣然答應，因為樹枝離地著實不遠，如果只是站在樹墩上，將牛腸鬆鬆地套在脖子，根本不可能有任何危險。於是，他站了上去。斯塔爾卡德拿著蘆葦刺向他，說道：「現在我把你獻給奧丁！」就在蘆葦觸及身體那一刻，絞索突然收緊，勒住國王的脖子。樹枝一下子彈起上揚，國王腳踩的樹墩骨碌碌滾開了；而看來無害的蘆葦也變成一枝長矛。威卡爾被長矛刺穿，吊死在樹上，成了獻給奧丁的祭品，英靈殿又添了一位英雄，斯塔爾卡德則被驅逐流放。

這就是斯塔爾卡德在第一段人生所背負的罪行。我們從其他資料得知，斯塔爾卡德出生時就有 6 條臂膀，無疑是來自他的巨人血脈。索爾主動幫他撕掉多餘的手臂，使他看起來更像人類。威卡爾死後，斯塔爾卡德四處突襲，立下赫赫戰功。他對演藝人士逐漸生出厭憎之情。他到烏普薩拉出席一場盛大的祭祀活動，卻因為受不了現場民眾「過於女性化的舉止」，而掉頭離去；他到愛爾蘭，把整個劇團的演員和歌手狠狠鞭打一頓。他一度為丹麥皇室服務，但在福勞德國王（King Frodi）遭到謀殺後，斯塔爾卡德受不了年輕的英格爾德國王（King Ingeld）的自我放縱，離開了丹麥宮廷，遠遊他鄉。

斯塔爾卡德重返丹麥時，正是緊急關頭：英格爾德的妹妹被許配給挪威人海爾吉，但安甘提爾——下面將會講到他的故事——想要爭奪新娘，於是帶著戰士弟弟們向海爾吉挑戰。斯塔爾卡德單打獨鬥，把他們全都殺了，但自己也身受重傷。他

的腹部裂開一大片，腸子從裡面流了出來。他倚在一塊石頭上，撐起身體。有個車夫駕車經過，在斯塔爾卡德身邊停下來，提出可以幫助他，但必須支付報酬。斯塔爾卡德覺得這人出身低微，反而對他惡言相向——索爾對斯塔爾卡德施加的詛咒讓他不把普通人放在眼裡。又有一人意欲相助，卻被受傷的英雄盤問身分，他承認妻子是名女僕。這樣的人也配不上英雄。接著，斯塔爾卡德又拒絕了一名女奴的幫助。最終他允許一個自由農夫近身，幫他把腸子塞回身體裡，並包紮好腹部。

斯塔爾卡德回到英格爾德的宮廷，卻震驚地發現，英格爾德娶的日耳曼皇后帶來了奇異的歐洲美食（肉上澆了醬汁！）、坐臥靠墊、樂師歌手（我們知道他最討厭這個了）、機敏閒談和裝飾精美的酒杯。最糟糕的是，英格爾德不但赦免殺父仇人，還對他委以重任。斯塔爾卡德寫了一首長詩，抨擊他在英格爾德周圍看到的種種墮落之舉。薩克索完整地引用這首詩，並把它譯成拉丁文。詩歌達到預期的效果，英格爾德跳了起來，當場拔劍殺死自己的殺父仇人。沒過多久，那位日耳曼皇后就和她的異國情調一道被趕了出去。

斯塔爾卡德在經歷了多場征戰之後，飽受創傷，不想再拖著病體苟延殘喘。在他看來，年老而死未免太缺乏英雄氣概。他漫遊全國，想要找到一個能殺死自己的人。他在脖子上掛著一袋金子，充當送給殺手的酬勞。他先是拒絕了一個樂意效勞的農民（這符合他的階級觀念），然後碰到哈瑟（Hather）。哈瑟的父親曾是他手下萬千亡魂之一。不管是為了替父親報仇還是為了拿到酬金，哈瑟都躍躍欲試。年邁的斯塔爾卡德讓哈瑟

年邁的斯塔爾卡德把一袋金子交給哈瑟，勸誘這個年輕人殺死自己。奧勞斯‧馬格努斯 1555 年繪。

把自己的頭砍下來，並要他在頭顱落地之前，在頭和身體之間往返奔跑，這樣他就能獲得刀槍不入的法力。哈瑟確實把斯塔爾卡德的頭砍下來，卻沒有聽命冒險來回奔跑。斯塔爾卡德的頭顱劃過空中，咬緊牙關，深深卡進草叢裡。他死前的勸告其實是個謊言：要是哈瑟膽敢靠近他的身體，無頭的軀體就會倒下，直接把哈瑟壓死。後來，斯塔爾卡德被葬在當地，受到與其身分相稱的禮敬。斯塔爾卡德的所作所為應當歸咎於索爾的詛咒，但他自從決定背叛摯友威卡爾起，就踏上一條暴戾恣睢的人生之路。他拒絕理解世情倫常，拒絕幫助他人。他的英雄主義使他孤立於世：這提醒我們，過度使用男性暴力，過分執著於榮譽，就會帶來這樣的惡果。

另一位屠龍者：毛褲子拉格納 ◇

瑞典南部的約特蘭伯爵十分疼愛自己的女兒索拉（Þóra），並賜給她一條閃閃發光的小蛇。索拉想要知道如何讓小蛇長

大，結果發現每天需要在蛇底下放一枚金幣——因為日耳曼龍極熱愛財寶。沒過多久，小蛇就長成龐然大物。牠蹲坐在一大堆金子上，每天要吃掉整頭牛。這樣的怪獸盤繞在索拉的閨房裡，只對她一人溫馴有加，對其他人都充滿敵意。這隻怪獸已經成了非解決不可的禍患，於是伯爵廣而告之，不管是誰，只要能殺死怪獸，就能娶他女兒為妻，而把怪獸的寶藏作為嫁妝。沒有人敢面對那隻怪獸。直到丹麥國王之子，年輕的拉格納聽說怪獸和懸賞之事。他準備一頂斗篷和一條蓬鬆的羊毛褲，把它們放在瀝青裡浸透，然後揚帆前往約特蘭。

　　拉格納拿了長矛做武器，把固定矛尖的釘子去掉一枚。他穿上浸滿瀝青的衣物，在沙地裡滾了幾滾，讓全身裹滿沙子，然後大膽地攻擊怪獸。長矛刺中怪獸了。牠在死前掙扎，鬆脫的矛尖就留在牠的身體裡。怪獸噴出一大股毒血，所幸拉格納及時撤離，靠著一身蓬亂及沾滿沙土的衣服而毫髮未傷。他前去伯爵那裡領取獎賞，並把矛柄作為屠龍的證據——矛柄正配得上嵌在怪獸身體的矛尖。於是，拉格納迎娶索拉，兩人舉辦盛大的婚禮。索拉生下兩個英勇的孩子，之後就病逝了。她的死讓拉格納深受打擊，離開王國，遠航四海，征伐劫掠。

新妻子、新子嗣　◇

　　在布倫希爾德和希格爾德各自嫁娶、鑄成災難之前（參見第四章），他們有過一個女兒，名叫亞絲拉琪（Áslaug）——至少《拉格納傳奇》（*Ragnarr's Saga*）是這麼告訴我們的。當

亞絲拉琪身披漁網，攜著愛犬，準備覲見毛褲子拉格納。溫格根據 1862 年原畫所作的版畫。

布倫希爾德嫁給古恩納爾時，她把幼女託給自己的養父黑米爾（Heimir）扶養。黑米爾聽聞凶烏基王廷發生的悲劇，便把亞絲拉琪和大量黃金藏在豎琴盒裡，一起踏上旅途。一對貪婪的挪威農民殺了他，把黃金據為己有，又將亞絲拉琪收為養女。他們塗汙了她的臉，隱藏起她的美貌，不准她出去招搖。

　　亞絲拉琪長大以後，正巧碰上毛褲子拉格納的船隊在附近靠岸補給。儘管亞絲拉琪遮掩了容貌，船員還是察覺到她驚人的美麗，並把這件事告訴拉格納。拉格納立刻派人送信給亞絲拉琪，要她前來覲見。但他同時附上一道謎題，要求她在覲見之時滿足其中設定的條件。聰明的亞絲拉琪知道，這是她逃離殘忍養父母的大好機會。她解開拉格納的謎題，按照要求抵達他

解開拉格納的謎題

拉格納要求，亞絲拉琪在覲見時「既不能穿著衣服，也不能赤身裸體；既不能餓著肚子，也不能吃過東西；既不能孤身一人，也不能有人陪伴」。聰明的亞絲拉琪用漁網裹住身子，披散長髮。她舔了舔洋蔥，讓呼吸裡有洋蔥的氣味。她沒有讓人作陪，而是帶著家中愛犬一同前往。拉格納對她的機敏印象深刻，因此同意按照她的要求保證她在船上的安全。然而，當她的狗咬傷船員，他們還是用弓弦勒死牠——這早早預示拉格納並不總是信守承諾。

的長船。國王很快就向她求婚了，並且信守諾言娶她為妻。婚禮當夜，亞絲拉琪強烈反對立即同房。她向新郎建議，最好等三夜後再行夫妻之實，否則將會招致不祥的後果。拉格納並沒有聽從她的請求——結果，他們的第一個兒子伊瓦爾（Ívarr）一生下來便只有軟骨組織而無骨頭。他無法行走也無法戰鬥，因此被人叫做「無骨者伊瓦爾」。從此以後，拉格納對妻子的建議多些注意了，很快他們就有了許多健康的兒子。

然而，拉格納並不知道妻子的真實身分，還以為她的父母就是那兩個可惡的挪威農民。過了一段時間之後，拉格納出於政治考量要去迎娶瑞典國王的女兒。於是他前往烏普薩拉向公主求親。婚事眼看就要定下來了，恰巧有三隻鳥兒聽聞此事，牠們飛往丹麥，把拉格納腳踏兩條船的事情告訴他的妻子——亞絲拉琪從她的父親那裡繼承到理解鳥語的能力。拉格納返回家鄉，正愁該怎麼把另娶的計畫告訴妻子時，亞絲拉琪先來找他

了。亞絲拉琪告訴他，她已經對他的盤算知道得一清二楚了，而自己的父親其實是北歐最著名的英雄：屠龍者希格爾德。為了證明自己所言不虛，她預言腹中的孩子生下來將會擁有一對蛇瞳，以此彰顯他外祖父的豐功偉績。不久，孩子出生了，這個孩子果然如她所說，人們把他叫做「蛇眼」西格德。於是，拉格納另娶的計畫再無下文。

　　瑞典國王對拉格納大為惱火，一方面是因為拉格納毀婚，讓自己的女兒大失所望，另一方面是因為拉格納和髮妻索拉生下的兩個兒子正在瑞典作亂。他抓住這兩個年輕人，並殺掉他們。消息傳到丹麥，發起復仇的居然是他們的繼母亞絲拉琪。她召集自己的親生兒子，敦促他們為同父異母兄弟復仇，並親率海軍來戰。無骨者伊瓦爾擔任這次作戰的首席軍師。他因為

神牛

瑞典人的祕密武器是一頭名叫西庇亞（Síbilja）的神牛，牠的名字意為「永恆的咆哮者」。牠的神力因人們的獻祭而增強；當牠被送抵戰場後，會發出懾人的吼叫，讓敵軍陷入恐慌，自相殘殺。西庇亞還會用牛角撞人。無人可以抵禦西庇亞的神力，就算是在戰場上製造噪音也無法遮蓋牠的聲音。然而，在制勝的關鍵時刻，伊瓦爾成功地射穿西庇亞的眼睛，讓牠一頭栽倒。然後，伊瓦爾讓人把自己拋到西庇亞上方，奇蹟般地增加了自己的體重，壓斷神牛背脊。最後，他一把擰下神牛的腦袋。瑞典人自然落荒而逃。

拉格納死於埃拉國王的蛇坑之中。法國木版畫，約 1860 年。

行動不便，得躺在一塊盾牌上，讓人用四支長矛把盾牌撐起來，他就在矛尖上向戰士發號施令，並贏得勝利。

拉格納的兒子們成功地掃蕩英格蘭，在歐洲大地縱橫劫掠，甚至準備攻打羅馬；這項偉業因為一個機靈的皮匠而沒能成真。皮匠拿出一袋需要修理的破鞋，抖空袋子，說道：「看吧！我從羅馬一路走來，磨破了這麼多鞋子。」四兄弟被這種廣為流傳的民間智慧勸服了。他們相信羅馬實在太遙遠，根本不值得費力去攻打。拉格納不顧妻子的勸告，在最後一次征戰英格蘭時遭遇不測。他被諾森布利亞（Northumbria）的埃拉國王（King Ella）俘虜，扔進蛇坑。拉格納念誦一篇長詩，總結自己一生的功績，最終還是被群蛇咬到心口。他就這樣葬身蛇吻了——想到他的第一樁偉業，其中充滿了諷刺的意謂。

當信使把拉格納的死訊傳給他的妻兒時，他們看起來似乎都對他屈辱的死法無動於衷。然而，正在下棋的那個兒子握緊

手中棋子，力氣大到指甲下都迸出血來；另一個兒子正在為自己的長矛修整矛柄，手指上有塊肉也被削了下來；還有一個兒子正把長矛握在手中，只見木頭上顯出他的手印，最終斷為兩截。伊瓦爾的臉色飛快地由白轉紅，又由紅轉黑。信使把自己的所見所聞向埃拉國王報告，國王知道四兄弟表面上的平靜只是偽裝而已。果然，他們很快闖入英格蘭劫掠，活捉了埃拉。一開始，埃拉以為賠償就能平息事端。他許諾賠給伊瓦爾一些土地，伊瓦爾便使用了後來眾所皆知的伎倆，將牛皮切成細條，圍住一大片地方。這塊土地足有倫敦那麼大，全被伊瓦爾奪走了。埃拉惱羞成怒，發動進攻，卻再度被俘虜了，背上還被刻下「血鷹」。埃拉痛苦而死。伊瓦爾決定，從此以後自己將接管英格蘭，而把丹麥王國留給自己的弟弟們統治。

拉格納就像希格爾德一樣，從未超越自己最初的功績：殺死盤踞在索拉閨房的巨龍。他的第二任妻子極具領袖氣質，可他

血鷹

血鷹儀式是一種傳說中的刑罰，只會對特定敵人使用。劊子手先從脊椎處切斷肋骨，然後把肺拉出來拖在背上，讓它們看起來像是一對翅膀，將死者獻祭給奧丁。這種懲罰很可能從未施加過。血鷹的概念似乎是源於對一首詩歌的誤解：詩中寫道，戰亂之獸老鷹前來享用埃拉的屍身，用利爪劃花死者的背部。據說強大的奧克尼伯爵特弗—埃納爾（Torf-Einarr）也用這種方式殺死金髮哈拉爾的一個兒子，但血鷹在北歐傳說中就只有這兩個例子。

《凱特爾傳奇》（*Ketils saga hœngs*）的
晚期手抄本。

卻不曾誠實以待——他殺了她的狗，無視她暫緩圓房的建議，
最後還打算另娶瑞典公主為妻——這讓他成為不怎麼有吸引力
的英雄。相較之下，他的兒子們都聽從母親智慧的指引，攻占
大片疆土。伊瓦爾雖然行動不便，卻能夠領導軍隊，在他身上
我們看到一類全新的英雄。他是一位天才戰術家，運用自己的
頭腦而非靠蠻力建功立業。

赫拉夫尼斯塔家族 ⚔

　　另外一支著名的英雄血脈是凱特爾家族（Ketill hængr），他
的綽號意為「鮭魚」。凱特爾和雙親一起住在挪威的赫拉夫尼
斯塔（Hrafnista）——現今的拉姆斯塔（Ramsta）島。他年輕
時常常惹禍，也是個「煨灶貓」。凱特爾從來不做家務，還總

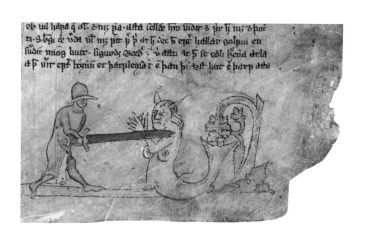

武士和海中的女巨怪作戰。出自 14 世紀冰島手抄本《弗拉泰書》(*Flateyjarbók*)。

是跟他的父親——混血巨怪哈爾布約恩（Hallbjörn）——鬥嘴，但最終他還是有所成就。有一天，他在島的北邊散步，碰到一條飛龍。火花從龍的嘴巴和眼睛噴射出來。凱特爾慣於在島這一側釣魚，卻從沒見過這樣的魚。火龍攻擊凱特爾，他勇敢地抄起斧頭，把牠一劈兩半。他回家以後，告訴父親他殺了條很大的鮭魚——這就是他綽號的由來。

　　凱特爾還收拾過幾個襲擊赫拉夫尼斯塔居民的食人魔，在極北之地也有過幾番歷險。他和巨人布魯尼（Brúni）的家人一起度過一季冬天，和巨人的女兒赫拉夫希爾德（Hrafnhildr）有過一段風流韻事，生下了兒子毛臉格里姆（Grímr Shaggy-cheek）。然而，哈爾布約恩拒絕承認這個媳婦，還把她貶為巨怪（有鑑於他自己的綽號就是混血巨怪，這麼說有點太失禮了）。赫拉夫希爾德揚帆離開了赫拉夫尼斯塔，把自己的孩子留在島上。布魯尼的兄弟是拉普蘭巫師，凱特爾從他那裡得到幾支魔法箭矢和一柄絕世寶劍。

　　凱特爾在屠殺巨怪和抗擊野蠻的維京人後，聲名卓著，但他

從未忘記深愛的巨人姑娘。後來他又娶了一個人類妻子，生下的女兒就取名為赫拉夫希爾德，以表紀念。

凱特爾死後，格里姆統治了赫拉夫尼斯塔。他準備迎娶一位強大領主的千金洛芙賽娜（Lofthæna）。舉行婚禮的七夜前，新娘卻消失了。有證據指出新娘的繼母與此事脫不了干係。這個繼母來自遙遠的北方，可能身懷魔力。格里姆前往她的出身之地調查，一路打倒眾多女巨怪和巨人，但自己也受了重傷。這時，一個醜陋至極的女巨怪向他伸出援手，但幫他治傷的條件是他必須親吻她，最後又加碼必須和她同床共枕。格里姆勉強接受她的條件。可第二天早上起來，他發現自己的枕邊人並不是醜惡的女巨怪，而是解除魔法後他那失蹤的未婚妻。這對愛侶終於成婚，並生下一子：神箭歐德爾（Arrow-Oddr）。

歐德爾繼承祖父的魔法箭矢，度過跌宕起伏的漫長一生。在他年輕時，一名流浪的女先知曾預言，他將活到 300 歲高齡，足跡遍布天下，然而無論他走出多遠，最終的歸宿都要落在他的駿馬法克西（Faxi）頭上。於是，歐德爾和他的養兄弟一起騎馬外出，找座荒村，挖個深坑，把那匹馬活埋了。在那之後，歐德爾四處歷險，和維京人對抗，從一位愛爾蘭公主那裡取得刀槍不入的魔法襯衣。他改信基督教，在索姆塞（Sámsey）打敗了以安甘提爾為首的 12 名狂戰士兄弟（參見下文）。最後，歐德爾決定重遊年輕時的故地，前去拜訪埋葬馬兒的墳墓。在墳墓頂上，正掛著馬兒的頭顱，骨骸上皮毛猶存。歐德爾以為自己早就打破了女先知的預言，便拿起長矛挑翻了馬頭。不料從馬頭下爬出來一條毒蛇，毒蛇襲擊歐德爾，毒牙狠狠地咬住

他的腳。歐德爾的腳開始腫脹變黑，一直蔓延到大腿，於是他知道自己大限將至。他的手下把他抬到岸邊。歐德爾念誦一首長詩，歷數自己的光榮事蹟，然後死去。人們把他的屍體放在船上，一起火化了。赫拉夫尼斯塔家族的血脈並未從此斷絕。凱特爾的女兒赫拉夫希爾德生下許多知名的後裔，包括幾位冰島的移居者，他們將在後世傳誦祖先的故事。

海島上的十二狂戰士兄弟　◇

　　要說歐德爾最大的功績，應是在索姆塞島（在瑞典和丹麥之間）上和好友亞爾瑪（Hjálmarr）一起大戰安甘提爾兄弟了。安甘提爾有 11 個弟弟，他們的父親是位偉大的君主。老二約爾瓦德爾（Hjörvarðr）四處劫掠並以此為傲，甚至覺得自己應當娶瑞典國王之女為妻。所有兄弟陪約爾瓦德爾前往烏普薩拉，向國王提出求娶公主。但在瑞典宮廷裡侍奉很長時間的智者亞爾瑪也欲迎娶可愛的英吉柏格（Ingibjörg）公主。國王要英吉柏格自己挑選，看看哪位求婚者更中她的意。她選擇聲譽良好的亞爾瑪，拒絕了沿海打劫的約爾瓦德爾和他的狂戰士兄弟們。約爾瓦德爾立刻向亞爾瑪挑戰；勝者將迎娶英吉柏格。

　　十二兄弟結伴前往索姆塞島，亞爾瑪和好友神箭歐德爾已經在那裡等候。大戰之前，安甘提爾做了個夢，預知此戰將會失敗。但他的父親把神劍提爾鋒（Tyrfingr）交給他，使他重新鼓起勇氣。這把劍由矮人鑄造，必會為主人帶來勝利。十二兄

弟踏上島嶼，預告對手將在晚餐時到英靈殿報到，成為奧丁的賓客。這讓亞爾瑪頓覺勝率渺茫。歐德爾給朋友打氣，和他攜手加入戰局。

十二兄弟陷入狂戰之中。他們咆哮起來，咬住自己的盾牌。亞爾瑪決定對戰安甘提爾和他那柄熠熠發光的神劍。歐德爾穿上愛爾蘭公主為他編織的魔法上衣，獨自對戰其餘眾人。

歐德爾單槍匹馬殺光 11 個兄弟。但等他再見到亞爾瑪，卻發現好友雖然殺死了安甘提爾，卻身負 16 道創傷，已經奄奄一息。亞爾瑪為自己的命運追悔悲嘆：他在家鄉瑞典坐擁 5 處莊園，如今卻躺在索姆塞島瀕臨死亡。他再也聽不到烏普薩拉女子的動人歌聲，也無法再把英吉柏格擁入臂膀了。他把一枚指環交給歐德爾，請他帶給公主，並把他壯烈的犧牲說給公主聽。亞爾瑪在最後的詩句裡，勇敢地面對他的命運：

一隻烏鴉從高枝飛來，
一隻老鷹伴著牠翱翔；
最後一餐我獻給老鷹，
我的血肉將由牠品嘗。

──────〈亞爾瑪的死亡之歌〉（*Hjölmarr's Death-song*）第 10 節

亞爾瑪就這樣死了。歐德爾將亞爾瑪的死訊和屍體帶回瑞典，英吉柏格聞訊悲傷而死。安甘提爾十二兄弟全都葬在索姆塞島上，價值連城的神劍提爾鋒也隨之入土。

路易斯棋中的狂戰士，口中咬著盾牌。

狂戰士（berserkir）

狂戰士是指一類特殊的武士，他們會在戰前發出嘶吼，啃咬
自己的盾牌。他們可能身披熊皮（狂戰士的本意就是「熊皮
上衣」──他們還有另一種稱呼 úlfheðnar，意思是「狼皮」）。
不過，狂戰士一詞也可能是「裸露上身」的意思，指的是
這些戰士不穿盔甲。他們在戰場上會陷入癲狂狀態，衝鋒陷
陣，全然不顧自身安危。有人認為，他們為了激發戰鬥情緒，
可能吸食某種致幻劑。在傳奇中，狂戰士們拉幫結派，擾亂
社會，挨家挨戶上門騷擾。他們威脅要強姦女性，除非有人
願意和他們的首領單挑。在一首史詩裡，英雄巧妙地戰勝狂
戰士。他趁著狂戰士在戰前啃咬盾牌時，把盾牌向上掀起，
撕裂狂戰士的嘴。

赫華勒重現寶劍鋒芒 ◇

　　安甘提爾死後，他的妻子生下遺腹女，取名赫華勒
（Hervör）。赫華勒長大後，成了一個英勇豪邁的姑娘，喜愛
舞刀弄槍，不願針線紡織。她的外公曾經想讓她更規矩些，可
她一旦受到責備，就跑到森林裡攔住過路人打劫錢財。有一
次，幾個奴隸對她惡語相向，汙蔑她的父親出身卑微。赫華勒
終於從母親那裡得知真相，知道父親的真實身分。於是她拋下
了裙釵，加入了一支維京船隊，向索姆塞島駛去。

　　人們警告赫華勒，索姆塞島是一片詭異之地。赫華勒還是獨
自登島，前去拜謁父親和叔叔的墳塚。她呼喚著父親和叔叔的
名字，請安甘提爾把名揚天下的神劍交給自己。幽幽鬼火飄蕩
在墳前，封土裂開，亡者從中起身，站在墓室門邊。安甘提爾
一開始否認自己持有寶劍，然後又警告赫華勒，說寶劍附有詛
咒——赫華勒的後人將會用這柄寶劍彼此廝殺。最後，他勉強
把劍交給女兒，並說：

年輕的姑娘啊，我要說妳不似凡俗男子，
黑夜之中徘徊在墳堆間，
手持雕飾長矛身著哥德人的金屬（盔甲），
披掛頭盔和鎧甲站在墓門前。

────────〈安甘提爾的甦醒〉（*Waking of Angantýr*）第 21 節

　　赫華勒確實不同於絕大多數男子，和凡俗女子也渾然不似。
她從死去的父親手中拿到寶劍，勝利而歸。她回到船上，之後

又做了一陣子維京海盜，在波羅的海橫行劫掠。最後，赫華勒還是嫁了人，她生了兩個兒子，其中一子取名安甘提爾以紀念父親；另一子則叫海德雷克（Heiðrekr）。後來，海德雷克失手殺死了哥哥，被判流放。他的母親把提爾鋒贈給他，當作臨別的禮物。

海德雷克機敏過人，很快就能找出戰勝對手的方法，不過他的所作所為毀譽參半。他娶了君士坦丁大帝的女兒，並生下一女，也取名為赫華勒。海德雷克國王有一位聰明的宿敵，名叫蓋斯頓包爾德（Gestumblindi）。蓋斯頓包爾德得到國王的召喚，讓他入宮覲見。他正擔心國王意欲對自己不利，不料一名神祕男子來到他家，提出代為覲見，這可讓他大大鬆了口氣。假蓋斯頓包爾德和海德雷克猜謎競答，最終他用自己的撒

蓋斯頓包爾德的謎語

假蓋斯頓包爾德所出的謎語五花八門。有些謎語十分傳統：「我昨天喝了一種飲品，它既不是水也不是葡萄酒，既不是啤酒也不是食物，它是什麼呢？」（答案是清晨的露水。）還有個謎語是：「有種生物長了八條腿、四隻眼，膝蓋的位置比肚子還高，牠是什麼呢？」（答案顯然是蜘蛛。）有些謎語則非常晦澀。其中一個答案是「一塊浮冰順著河流飄下，冰上有一匹死馬，馬屍上盤著條蛇」──可不容易猜出來。托爾金從這篇史詩中獲得了靈感，創作了《哈比人》中比爾博和咕嚕的猜謎賽。不過奧丁用來終結比賽的問題和巴德爾有關，而比爾博的撒手鐧則是：「我的口袋裡有什麼？」

手鐲贏了國王：「當巴德爾躺在火葬的柴堆上時，奧丁在他耳畔說了什麼？」海德雷克意識到，自己的對手不是別人，正是奧丁本尊。他抽出提爾鋒，向奧丁刺去。奧丁變成了一隻隼，在千鈞一髮之際對海德雷克發出詛咒，說他將死於「最卑賤的奴隸」之手。提爾鋒削掉了隼尾的羽毛（這就是為什麼隼的尾巴特別短），但奧丁還是成功逃脫了。正如預言所說，沒過多久，海德雷克就死在床上，毫無榮耀可言。殺死他的是一群出身名門大戶的奴隸，他在出征英倫諸島時將他們俘獲為奴。這篇史詩餘下的部分講述的是提爾鋒在這個王朝之後的命運中所發揮的作用，其中包括了哥德人和匈人的著名戰役。在那場戰爭中，海德雷克的兩個兒子分屬敵對陣營。其中一方拿起被詛咒的神劍，殺死自己的兄弟。

奧克尼群島的永恆之戰 ✕

我們在第二章提到，弗蕾亞挑起赫定人之戰，一場直到諸神黃昏才會終止的無盡之戰。戰爭是這樣開始的：瑟克蘭（Sarkland）的王子赫定（Heðinn）在林中空地遇到一名女子，她自稱是知名的女武神岡鐸爾（Göndul）。岡鐸爾鼓動赫定去和赫格尼國王（King Högni）一較高下，看看兩人誰更強大。赫格尼欣然應戰，兩人接連比了游泳、射擊、搏擊和騎馬，結果每一項都平分秋色。兩人惺惺相惜，結為義兄義弟，赫格尼較為年長為兄，赫定年紀尚輕為弟。比較年長的赫格尼已經有

畫面中的場景可能是赫定人之戰。乘船的海軍對上陸地的軍隊，兩軍之間站著一名女子。見於哥特蘭的 Lärbro Stora Hammars I 畫像石。

個女兒，名叫希爾德（Hildr）。後來，岡鐸爾再次出現在赫定面前。她承認兩人確實不相上下，但赫格尼還是略勝一籌，因為他有美貌的王后，赫定卻還是孤家寡人。赫定爭辯，若是他出言求親，必然能娶希爾德為妻。岡鐸爾反駁道，他最好還是綁走希爾德，殺了她的母親。如此一來，赫格尼就沒有王后了，赫定也能透過強娶希爾德證明自己的膽略。赫定忘記自己許下的兄弟盟約，實行了岡鐸爾的計畫。當赫格尼回到家裡，發現妻子死了，女兒被綁走，他追了上去，跟著赫定來到奧克尼群島中的霍伊島（Hoy）。赫定的罪行令人髮指，雙方毫無和解的可能，立時打了起來，拚個你死我活。但無論誰死了，到了夜晚，希爾德都會將死者復活；而次日白天，又會再度打起來。這場戰爭將會永遠持續下去，直至諸神黃昏來臨。

　　挑起戰爭的岡鐸爾不是凡人，似乎是弗蕾亞的一種化身。有首詩告訴我們，弗蕾亞擁有半數死者；在這個故事的後期版

本中，她為了從奧丁那裡拿回布里辛嘉曼項鍊，受命去挑起爭端。而在另外一些版本裡，希爾德自己就是女武神，不需要岡鐸爾來促使赫定背叛義兄。有一個版本可能是最古老的；在這個版本中，希爾德已經準備好調停父親和愛人之間的紛爭，但赫格尼的寶劍壞了事。和其他一些神劍一樣，這柄寶劍也有它的麻煩之處；這柄劍可能也是由矮人打造的，因為它的名字叫做戴因斯萊夫（Dáinsleif），意為戴因（Dáinn）的遺產。每次出鞘，必有死傷。因此他們難免一戰。希爾德深愛著兩人，無法忍受任何一方被對方殺死。於是她不斷地把他們帶回人世，繼續無盡之戰。

這些英雄和沉湎於寶藏和復仇的沃爾松家族不同，他們追尋榮耀的方式是經由遊歷、攻城掠地、忠誠服侍一位領主，而且往往十分聰明和具有謀略。就像赫華勒的父親所說的那樣，維京女赫華勒不同於絕大多數女子，和男子也不盡相似。她具有驚人的勇氣，敢於向死者索取自己的遺產。儘管如此，這兩章出現的所有英雄都擁有這樣的信心：自己將在死後找到前往英靈殿的道路，成為英靈戰士一員，以亡靈之身在諸神黃昏時與神並肩作戰。事實上，諸神之所以挑起赫定人之戰，似乎本來就是為了徵募英靈戰士，但希爾德具有復活死者之力，才阻撓了諸神的計畫。在最後一章，我們將看到諸神黃昏是怎樣開始的，以及在那之後將會發生什麼事。

6

終結與新生

奧丁尋求智慧　◊

　　我們知道，奧丁曾向密彌爾之泉獻出一隻眼睛，以獲得關於未來的知識。然而他並未滿足，依然孜孜不倦地尋訪智者，希望他們能告訴自己更多。〈女先知的預言〉講述奧丁請教女先知的故事。她為奧丁解答許多關於過去和未來的問題，這一章接下來的內容大部分取自於〈女先知的預言〉。奧丁還拜訪過巨人瓦夫斯洛德尼爾（Vafþrúðnir）。儘管弗麗嘉警告奧丁此行凶險，他還是勇敢走進巨人的家：

你好，瓦夫斯洛德尼爾！我已來到你的殿堂
親身求見；
首先我想知道，巨人，你是不是真的聰明
或者你是否真的睿智過人！

──────── 〈瓦夫斯洛德尼爾之歌〉（*Vafþrúðnir's Sayings*）第 6 節

　　瓦夫斯洛德尼爾挺身接下挑戰，答應參與鬥智比賽。他還設

下賭注：「何妨用腦袋做個賭注，陌生人，同你分出高低。」
（第 19 節）神和巨人拿軼事祕聞來考驗對方：關於遙遠的過
去，諸神的歷史，還有未來──諸神黃昏。鬥智是一項艱巨的
任務，其目的不僅要難倒對方，還要設法偷學對方的知識；參
賽雙方得有足夠的辨別能力，才能看出對方是否撒謊。鬥到最
後，奧丁似乎已經對諸神黃昏及後來之事有了足夠的瞭解，便
問出他最愛的無解難題：

我尋訪過很多地方，我嘗試過很多事情，
我多次證明過力量；
奧丁對他的兒子附耳說了什麼，
在他被送上火葬柴堆之前？

──────────────〈瓦夫斯洛德尼爾之歌〉第 54 節

　　這個問題一出，瓦夫斯洛德尼爾就知道遊戲結束了，因為只
有奧丁本人才會知道答案。他認輸之後，這首詩就完結了。可
以猜想，瓦夫斯洛德尼爾必然會交出項上人頭，但奧丁是否會
把它取走，那就是另一回事了。
　　奧丁為什麼要踏上追尋智慧的旅程呢？為何他不惜以項上
人頭作賭注，也要驗證自己已經知道的資訊？一種可能的解釋
是，他迫切地想要確認（再確認）命運是否真的無從避免。宇
宙中有這麼多智慧生物，會不會有誰知道一種不一樣的未來
呢？奧丁是不是必須和巨狼對戰，最後被其吞噬？世界是不是
必然被大火吞沒，然後沉入海底，消失不見？我們已經知道，

就像奧丁在追尋的過程中反覆聽聞的那樣，諸神黃昏必會降臨。世界毀滅的徵兆已經開始顯露，奧丁機敏的問題裡就包含了一種末日之兆：巴德爾，這位最美好、最明亮的神，就要死了。

巴德爾之死 ✕

　　我們對巴德爾所知甚少，關於他的故事都圍繞著他的死亡。斯諾里推斷，巴德爾生得英俊非常、光彩奪目（以至於有種叫做 baldrsbrá 的洋甘菊就是以他為名，意思是「巴德爾的睫毛」）。巴德爾聰明睿智，心地善良；他娶了南娜（Nanna）為妻，受到所有人的喜愛。

　　然而，從某一天開始，巴德爾做起噩夢。諸神照例聚集商議，決定要遍訪所有造物，請它們發下誓言絕不傷害巴德爾。在〈巴德爾的噩夢〉這首詩中，奧丁表現得就像所有憂心忡忡的父親一樣。他為八足天馬斯萊普尼爾上好馬鞍，親自前往海拉的國度尋求事實的真相。可是，他在冥界的邊緣遇見一隻身染血汙的小狗（或許是頭年幼的地獄之犬），然後他改變了主意。他不再繼續前往海拉的宮殿，而是決定喚醒葬在這附近的女先知亡靈。就像和其他智者對話時一樣，奧丁隱瞞了自己的身分，向女先知請教心中的疑惑。脾氣暴躁的女先知確證了他的憂慮：

奧丁騎著八足天馬斯萊普尼爾去拜訪海拉，從一隻胸前染血的小狗旁邊經過。
W. G. 柯林伍德 1908 年繪。

長凳上裝點臂環是為誰，
高臺上撒滿黃金待何人？……

蜜酒已經擺好，是為巴德爾而釀，
酒漿清亮；上方掛著塊盾牌，
阿薩神祇有了不祥的預感。
我不願告知於你，我將閉口不言。

――――――――――――――――――〈巴德爾的噩夢〉第 6-7 節

　　女先知又向奧丁透露了更多細節，直至奧丁提出一個神祕的
問題――顯然是一條關於波浪的謎語，讓談話到了盡頭。女先
知由此猜到奧丁的身分，拒絕繼續與他對答。
　　巴德爾似乎難逃一死。在斯諾里的版本中，要求造物發誓的
人是巴德爾積極能幹的母親弗麗嘉。她遍訪所有造物，讓萬事
萬物都立下誓言，絕不傷害她的兒子。「火、水、鐵和所有金
屬、石頭、泥土、樹木、疾病、走獸、飛禽、毒素、虺蛇」全

巴德爾之死。克里斯多夫‧威廉‧埃克斯貝爾（Christoffer William Eckersberg）1817 年繪。

都發誓不會傷害巴德爾。那還有什麼能致他於死呢？唯有弱小的槲寄生被弗麗嘉忽略了。在她看來，槲寄生實在太過幼嫩。因此，當有個女人去霧海之宮拜訪她，好奇地追問起這件事時，弗麗嘉無意間透露這個資訊。弗麗嘉鑄成大錯了，因為那個女人正是洛基假扮，他充分利用這個訊息。

　　與此同時，諸神正在議事廳狂歡。巴德爾站在正中，其他人拿著各式各樣的東西朝他拋擲，武器全都從他身上彈開，沒有對他造成任何傷害——他可能是忍不住想要炫耀吧。巴德爾的哥哥霍德爾憂傷地站在人群邊緣。他雙目失明，無法參與遊戲。一個友善的聲音在他耳邊響起，問他是否想要加入。說話的人遞給他一根柔軟的枝條，引著他的手瞄準，使他可以擊中目標（參見第 43 頁）。巴德爾倒下了；諸神大放悲聲，洛基趁亂溜走。一枝槲寄生竟然擊倒最優秀的神祇。奧丁受到雙重打擊：他不僅要承受兒子的死；還意識到巴德爾之死是一個徵兆，清楚預示著諸神黃昏即將到來。

　　弗麗嘉允諾，若有人前往冥界向海拉要回巴德爾，就能得到她的鍾愛。於是，有個名叫赫爾莫德（Hermóðr）的人跳上八足天馬斯萊普尼爾，朝向冥界奔去。巴德爾的葬禮已經準備就緒；諸神把屍身運往海邊，放在船上。但不管他們怎麼推，船都停在滾木上一動也不動，沒有向海移動分毫。直到女巨人希爾羅金（Hyrrokin）出現了，她騎狼而來，以蛇為轡，力大無比，只推了一把，船就動了起來，還引得火星飛濺、地動山搖。儘管她幫了諸神一個大忙，還是差點喪生在索爾鎚下。南娜在

維京船葬

在維京時代，出身高貴之人常常被葬在船棺裡，可能是象徵死者需要乘風破浪才能抵達死後世界。〈前言〉介紹過奧賽伯格號，它是唯一一艘考古發現的墓葬船。在英國的薩頓胡（Sutton Hoo），7 世紀的盎格魯撒克遜國王也葬在一艘船裡（儘管整艘船隻只剩下鉚釘了）。這證明墓葬船並不僅是維京時代的風俗。9 世紀，阿拉伯旅行家伊本・法德蘭（Ibn Fadlan）在窩瓦河遇到一群維京的羅斯（Rus）戰士。他們的首領剛剛去世不久，伊本・法德蘭詳細記下這場葬禮儀式。由於篇幅所限，這裡無法描述全部細節。不過，儀式的高潮，與首領親緣最近的人手持火炬，將首領的船和船上屍體一起點燃。那人全身赤裸，用一隻手遮住肛門，繞著船倒行。伊本・法德蘭說，船周圍堆放著大量木材，陣風揚起，不到一個鐘頭，首領和船全化為灰燼。

一艘燃燒的維京墓葬船被推向海中。弗蘭克‧迪科塞爾（Frank Dicksee）1893 年繪。

葬禮現場悲痛而死。諸神把她的屍體放在巴德爾旁邊，雙雙抬上火葬的柴堆。火焰吞噬兩具屍體。各界賓客雲集而來，本來是要向巴德爾致敬，如今卻一起見證他的葬禮。有個叫做萊廷（Litr）的矮人十分不幸，當索爾上前向火葬柴堆致意時正好擋了他的路，就被索爾一腳踢進火堆。

　　赫爾莫德勇敢地奔赴冥界，發現冥界的統治者海拉對諸神的請求完全無動於衷。巴德爾和南娜已經在海拉的廳堂，巴德

爾的座位和海拉不相上下。海拉答應放巴德爾離開冥界，條件是要所有生靈都為巴德爾落下淚來。赫爾莫德帶回消息，阿薩神族聽聞後立刻行動，向世界各地派出信使。他們的努力卓有成效，萬事萬物都聽從他們的請求為巴德爾哭泣——就算是金屬也落下眼淚（斯諾里告訴我們，這就是為什麼會出現水汽凝結）。然而，在某個山洞裡，他們遇見一個女巨人，她叫做索克（Þökk）——這個名字的意思是「感謝」，十分諷刺。當他們請求索克為巴德爾哭泣時，索克駁斥道：

為了巴德爾的葬禮，
索克只會乾嚎。
不管是死還是活，
沒有哪個男人的兒子能給我帶來快樂：
就讓海拉把人留下吧。

——《欺騙古魯菲》第 49 章

所有人都懷疑，這個拒絕配合的女巨人不是別人，肯定就是洛基。

巴德爾之死帶來雙重後果。奧丁已經從女先知亡靈得知，只有一個人可以為巴德爾復仇，而那個人還沒有出生。

強占琳達

奧丁知道，巴德爾的復仇者將是人類公主琳達的孩子。可要
讓她懷孕並不容易。奧丁已經又老又醜，百般勾引，全被琳
達拒絕。奧丁先是混進她父親的宮廷，成了一名能征善戰的
將軍。儘管如此，當他要向琳達索吻時，卻被迎面打了耳光。
接下來，他扮成金匠，送給琳達許多精美手鐲。這麼做也沒
用，換來的還是耳光。最後，奧丁對琳達下咒，用盧恩符文
迷亂她的神智。然後，奧丁扮作老婦人，假裝能夠治病救人。
他開了一劑極苦的藥方，人們只得把琳達綁在床上，才能逼
她把藥喝下。當奧丁和病人獨處時，這個假大夫就強暴了這
名不幸的女孩。依據薩克索所述，其他神都對奧丁的這種做
法感到震驚，將他處以流放。然而，琳達還是懷孕了，生下
瓦利。

小瓦利確實天賦異稟，他就像海爾吉一樣，才出生一天就能
上戰場。〈女先知的預言〉中講到：

他從不洗手
也不梳頭
直到把巴德爾的仇人送上
火葬的柴堆。

〈女先知的預言〉第 33 節

可是，瓦利殺的是「出手殺人」的可憐盲眼哥哥霍德爾，而不是躲在幕後「用腦殺人」的洛基。而洛基自有他的結局。

巴德爾為什麼非死不可呢？人們經常拿他和另外一些死於事故或陰謀的神相比較。有些近東的古老神祇，如埃及的歐西里斯（Osiris）或希栢利（Cybele）鍾愛的阿提斯（Attis）也死了；根據這些神話的上下文，他們的死亡都是發生在季節循環之中；隨著春天到來，他們又會重生。愛西絲（Isis）成功地復活了她的兄弟兼愛人歐西里斯，就像尼羅河年年氾濫，豐沃土地。阿提斯也會年年重生。但是諸神沒能復活巴德爾（至少目前沒有）。因此，這個神話似乎並不涉及繁殖的因素。

巴德爾也可能被當成祭品：他被飛矛刺穿，這顯然可以當作向奧丁獻祭。然而，巴德爾之死似乎並沒有換來任何好處；就算他成了祭品，獻祭彷彿漫無目的（奧丁把自己獻祭給自己，目的是為了獲得盧恩符文的祕密）。這段神話道出家族內部衝突的可怕之處——殺死凶手並不意謂著復仇成功，瓦利向霍德爾復仇，只是讓奧丁又失去了一個兒子。誰應該為霍德爾復仇呢？從這個角度來說，奧丁是幸運的，因為他能夠生出新子來取代死去的兒子。但是，正如這段神話所指出的，兒子不能完全相互替代，瓦利就不能徹底取代巴德爾。

囚禁洛基　◇

根據斯諾里的敘述，諸神沒能讓萬事萬物落淚，巴德爾便

無法離開冥界；之後諸神立刻對洛基展開追捕，把他抓住並關押起來。在詩歌版本的傳說中，洛基被囚是在他和諸神決裂之後。還記得在埃吉爾宮殿舉辦的盛宴嗎？為了那場盛宴，希密爾的大鍋都被借來釀酒。所有男神女神齊集一堂，只有索爾不在，因為他照常去東方消滅巨人了。洛基這位「被拒絕入境的人物」本應不在其列，然而這位不速之客竟然公然現身，還要主人為他安排座位、奉上美酒。詩歌之神布拉吉打算拒絕他，可洛基擺出自己和奧丁的血緣關係。他還提起奧丁曾經發下的誓言：若是洛基不得美酒，他自己絕不獨飲。奧丁下令，務必讓「惡狼之父」入席。

這段故事記錄在〈洛基的叫罵〉一詩中。洛基隨後向諸神發動了全面攻擊，逐一辱罵。諸神挨罵的模式相當一致：洛基罵了 A，A 回應反駁；洛基再度反擊，B 站出來為 A 辯白，卻把洛基的毒舌引到自己身上。諸神遭到一系列汙衊：奧丁曾施展賽德巫術（參見第二章），為人不講信用；其他男神不是懦弱膽怯，就是有不太光彩的一面。他斥責尼奧爾德，說他居然容許希密爾的女兒們（女巨人，這裡可能象徵著河流）往他嘴裡撒尿，正如河流匯入大海一樣。除此之外，尼奧爾德還和自己的姐妹亂倫生子。女神們則被指控私生活不檢點，大多數都跟洛基有過情緣。至於另外一些女神，比如絲卡蒂，洛基提起她們親人的死，他自己也曾在其中出一份力。他用巴德爾之死觸怒弗麗嘉；貶斥弗蕾亞人盡可夫，連自己的哥哥都不放過。就連索爾的妻子希芙也沒能倖免，洛基揭穿她和自己的私情。當時希芙被洛基偷去金髮，還不知道是怎麼到手的呢！最後，索

爾趕回來，照例用咆哮和威脅嚇阻了洛基帶刺的話語——不過洛基還是損了他兩句，說的明顯是和斯克里米爾相關的那次歷險（參見第三章）。然後洛基便離席了：

單只為你我也該告辭，
我知道你當真會動手。

—————————————————— 〈洛基的叫罵〉第 64 節，第 4-6 行

這裡可能是在諷刺諸神依靠築牆者建起神域的新城牆，卻又不守承諾；也可能是洛基知道索爾並不好惹。根據其他資料看來，洛基的指責大部分都確有其事。不過其中也有抹黑的成分；提爾犧牲手臂，弗雷為獲得吉爾達把寶劍交給史基尼爾，這兩件事就被他說得頗為不堪。〈洛基的叫罵〉這首詩趣味盎然，只是幽默之中又充滿恐怖，洛基的厚顏無恥和諸神的隱祕醜聞都令人驚愕不已。這首詩是否想要嚴肅地批判異教神祇呢？或許這首詩的作者是名基督徒，他意圖揭穿諸神的偽善和怯懦？又或者，寫這首詩的人在想法裡堅信諸神和我們簡直是雲泥之別——他們實現神職的方式並無法用人類的倫理體系來理解。在不同的時期，人們對於〈洛基的叫罵〉的理解很可能有所不同，主要取決於表演者所傳達的細節。不過每個人看完之後，很容易產生相同的感覺：要是沒有這群烏合之眾，世界可能會更好吧。

洛基成功地逃離了憤怒的諸神，他把自己變成鮭魚，躲在瀑布後面。斯諾里詳述他被捕的細節。洛基在瀑布附近的山上為

自己造了一間房子,白天就在水下藏身。一天晚上,他開始琢磨,阿薩神族要怎麼才能逮住變成魚的自己。他拿起亞麻線,造出世界上最原始的漁網。洛基做好漁網後,得知奧丁已經從至高王座發現他了,諸神正在趕來的路上。他立刻把漁網扔到火裡,跳進水中。諸神中最聰明的一位(這裡把他叫做克瓦希爾,就是被矮人取血釀造詩仙蜜酒的那位神祇)從灰燼中觀察到漁網的形狀,由此推斷出它的用途。諸神迅速複製了一張漁網,但洛基化身的鮭魚從漁網上跳了過去。最終,索爾涉水來到河中央,趁洛基在自己身邊魚躍而起,一把將他捉住。洛基以最快的速度從索爾手中溜出去,但他的尾巴卻被索爾攥在掌心。這就是為什麼鮭魚身體到了尾部會突然變細,為什麼牠們在逆流而上時會躍出水面。

洛基被索爾逮住後,被囚禁起來,頭上帶有奇特的雙角。出自坎布里亞郡的 8 世紀柯克比斯蒂芬石(Kirkby Stephen stone)。

　　洛基知道自己已身陷絕境：他不是和諸神商量好條件才投降的，而是成了他們的俘虜。諸神找來 3 塊大石板，把它們立起來，在每塊石板上挖個洞。洛基的兩個兒子也被抓住，變成兩頭狼；納爾把兄弟納菲撕成碎片，諸神就用納菲的腸子把他的父親綁在石頭上。這些腸子被魔法束緊，化作鋼鐵鐐銬。最後雪上加霜的是絲卡蒂：她把一條毒蛇掛在洛基頭頂，毒液不斷地從牠的毒牙滴落。洛基的妻子希格恩站在丈夫身邊，捧著一隻碗接住毒液。時不時地，她必須轉身把碗裡的毒液倒掉，這時毒液就會落到洛基臉上。洛基拖著鐐銬拚命掙扎——這就是為什麼會發生地震。

絲卡蒂把一條毒蛇掛在洛基上方，洛基的妻子希格恩捧著碗承接從牠嘴裡滴下的毒液。溫格 1890 年繪。

洛基和阿薩神族的最終決裂引出一些有趣的問題。洛基通常
是騎牆派，時而偏向巨人，但也會幫助諸神取回失物。他還扮
演著一個重要的角色──索爾的助手。那洛基這麼做又是為了
什麼呢？有一種解釋把洛基的行為連到諸神黃昏的種種預言。
魔狼芬里爾注定會在末日掙脫鐐銬、攻擊諸神，那麼牠必須先
被束縛起來。同理，洛基也會擺脫桎梏，帶領巨人對抗舊日同
伴，因此他必然要被囚禁起來。那麼，為了讓諸神關押他，他
就得先激怒眾神：先是造成巴德爾之死，然後在〈洛基的叫罵〉
展現精湛的毒舌功力。如果巴德爾之死是諸神黃昏的先兆，那
麼巴德爾就必死無疑，洛基也難逃被囚的命運。這種解釋包含
一個假設前提：雖然北歐神話源起於古諾斯語世界的不同地
區，曾經必然是由各式各樣的版本構成的龐大集合，但留存到
現在的故事在時序上還是連貫一致的。不過，就算我們難以相
信洛基有全盤計畫，我們依然可以明顯地感覺到，諸神的命運
早已注定了。即便奧丁四處追尋，想要知道預言的未來是否可
以被改變、被阻止，但結局已經寫下了。還有一件事情也充滿
暗示意謂：上文提到，斯諾里認為洛基的二子之一（殺死兄弟
的狼）名叫瓦利，而奧丁的么子也叫這個名字──他殺死同父
異母的哥哥霍德爾，為另一個同父異母的哥哥巴德爾報了仇。
這兩個故事貫穿著相同的主旨──手足相殘，血親復仇，末日
魔獸惡狼和蛇──由此凸顯奧丁和洛基兩神之間的本質關聯。

末日之兆 ◇

首先出現的是嚴酷寒冬，芬包爾之冬（fimbulvetr）。冬日整整持續三季，期間毫無夏天。雪花從四面八方席捲而來，寒風凜冽，霜凍刺骨。接下來是社會秩序的分崩離析：

兄弟相爭，手足相殘，
外甥將背棄至親舅父；
人世艱難，淫亂盛行，
斧的世代，劍的世代，砍得盾牌四分五裂，
風的世代，狼的世代，最終世界沉落入海；
普天之下皆仇讎，不取性命不甘休。

——————————————〈女先知的預言〉第 45 節

世界走向混亂。女先知預言，在人類陷入內亂之前，還會出現更多末日徵兆。

懲治罪人——基督教的理念？

女先知看見，在「死屍之灘」附近，有一條渾濁湍急的河水流過。發過偽誓的人、殺人害命的人、姦人妻子的人，全都在水中跋涉。另一條從東邊而來的河流，名喚「恐懼」，河裡漂滿刀劍斧鉞。在其他北歐神話裡，並不存在罪人死後受罰的概念；此處出現的死後酷刑或許是基督教帶來的影響。有鑑於《皇家手稿》裡這個版本可能寫於挪威皈依基督教前後（1000 年），這種可能性確實存在。

在「絞架之森」深處，一隻翎羽殷紅的公雞放聲啼鳴。鐵樹林也傳來雄雞報唱：女巨人在此養育芬里爾的後代，也就是那對追逐日月的雙狼。一聲犬吠插入詭祕刺耳的合音，那是巨型獵犬加爾姆（Garmr）——牠可能是芬里爾的分身，也可能是另頭與之無關的地獄魔獸，一種地獄或地獄犬——這可怕的時刻終於來臨，日月雙雙落入了雙狼的血盆大口，牠們已經追逐

遮天巨狼

關於巨狼瑪納加爾姆（Managarm），又叫加爾姆（Garmr）或月亮獵犬，1960 年艾倫·加納（Alan Garner）的小說《布里辛嘉曼的命運石》（*The Weirdstone of Brisingamen*）有一段令人驚恐的描述。加納在這本小說中借用大量的北歐神話。小說的高潮，一個恐怖的黑魔法被放出來：

一朵雲從北方衝過來，它比那些遮蔽太陽的烏雲更貼近地面。它其實是頭魔獸化作惡狼的模樣。牠的下半身拖在地平線以下，瘦長的身軀高高隆起，橫過天空，延伸至聳動的雙肩。在前面是一顆巨大的頭顱，張開的大嘴現在看來已經比一條山谷還要寬……東北方的天空完全被巨狼的頭遮蔽了。巨狼打了哈欠，嘴越張越大，最後天地之間只剩下黑色的巨顎，橫衝直撞而來，要把山嶺和河谷整個吞下。

————《布里辛嘉曼的幸運石》，2010 倫敦再版，第 283 頁

幸運的是，命運石的魔力驅散了邪惡力量，世界得到了拯救。

諸神在為諸神黃昏做準備。W. G. 柯林伍德 1908 年仿照維京時代雕刻的樣式而作。

了好久好久。世界陷入黑暗之中。

　世界之樹著火了。這棵高大梣樹搖搖欲墜，海姆達爾吹響洪亮的加拉爾號角為諸神示警。奧丁和密彌爾的頭顱緊急磋商，但戰事迫在眉睫，尋求建議為時已晚。山崩地裂，矮人都從地下跑出來，站在石門之前哀號。女巨人四處遊蕩，人類不知所措。英靈戰士騎馬衝向戰場；他們已經為此訓練了千萬年。然而，惡龍法夫尼爾在死前向希格爾德預言，就在他們和眾神前往最終決戰之島烏斯庫尼爾（Óskópnir，意為尚未完成）的路上，彩虹橋將會斷掉，戰馬紛紛墜入水中。勝利和他們無緣。

　在每個戰略要地，邪惡力量都脫離控制。火焰巨人蘇爾特爾從南方而來，佩著他的巨劍，劍上放射出太陽明亮耀眼的光輝。陰邪的死屍之船納吉法爾（Naglfari）從東方揚帆起航。這艘船由死人的指甲構成，上面的船員都是火焰巨人。洛基為這艘船掌舵，帶領巨人用火焰摧毀諸神和人類。從東方而來的還有冰霜巨人的領袖赫列姆（Hrymr）。中庭巨蟒龐大的軀體在海中掀起滔天巨浪。芬里爾終於撕裂了軟滑如絲的鐐銬，從長久的束縛中掙脫出來，自由地騰躍。

最終之戰與諸神之死 ⊗

　　現在，預言已久的最終之戰開始了。奧丁勇敢地上前和巨
狼交戰，但這位持槍之神發現永恆之槍昆古尼爾毫無助益，芬
里爾一口吞下奧丁。弗麗嘉看到丈夫死了，愴然淚下。詩中把
奧丁稱為「弗麗嘉的摯愛」，並把他的死亡和巴德爾之死相提
並論，說成是「弗麗嘉的第二重傷悲」。女神在戰場邊哭泣，
男神扛著盾牌對抗宿敵。接下來輪到索爾，他再度迎戰老對頭
中庭巨蟒。索爾打倒巨蟒，但他也被巨蟒的威力和有毒氣息所
傷，從屍體邊跟蹌地走了 9 步，便倒地身亡。

　　斯諾里加入一些其他文獻沒有的細節。這些細節可能是自
古有之，也有可能是他在編寫時憑直覺所加。弗雷對戰蘇爾特
爾，正如洛基所預言的那樣，由於他把寶劍送給巨人姑娘吉爾

芬里爾躍到奧丁身上，天馬斯萊普尼爾失
蹄傾側。桃樂西・哈迪（Dorothy Hardy）
1909 年繪。

達，此時必然為了無劍可用萬分懊惱。巨犬加爾姆先用狂吠預告諸神黃昏的來臨，現在又打敗提爾了。有鑑於提爾之前和芬里爾有過恩怨，這讓人更加懷疑，加爾姆和芬里爾其實是一體的；提爾被芬里爾咬掉一隻手，這時就來清算舊帳。海姆達爾和洛基對戰──這也不是第一次了──最終同歸於盡。

海姆達爾和洛基之爭

傳說中，海姆達爾和洛基之前就曾對戰。有一次，他們雙雙變成海豹，在海裡一片叫做辛加斯坦（Singasteinn）的岩礁上打起來。他們爭奪的是弗蕾亞精美絕倫的布里辛嘉曼項鍊。項鍊不知怎麼落入洛基手中，兩人為了爭奪它動起手來。海姆達爾打贏了，把這條珍貴項鍊還給女神。這可能是第二章講到洛基盜走項鍊的另一個版本。

諸神在抗擊魔獸之時確有斬獲。奧丁之子維達跳進芬里爾嘴裡；他腳上穿著一雙厚底鞋，使他不懼巨狼的利齒。斯諾里在旁白告訴我們，每當鞋匠在腳趾或腳跟的位置修剪下多餘的鞋底，這些材料就會變成維達之鞋的一部分。維達一手抓住巨狼的上顎，把巨狼活活撕裂。父親死去，兒子報仇，這一幕成了維京時代雕刻師最鍾愛的場景。

現在，巨人蘇爾特爾的火焰讓整個世界都變成火海，〈女先知的預言〉講述的大地誕生過程（在第二章曾重述過）如今反向上演了：

維達一腳踩進芬里爾嘴裡。刻於坎布里亞郡 10 世紀初期的戈斯福斯十字架上。

太陽變黑，大地沉落入海；
明亮的星辰從天空中消失，
熊熊大火中蒸氣劇烈升騰，
烈焰高高揚起觸到了天穹。

──────────────────────────〈女先知的預言〉第 57 節

　　然而前面提過，太陽已經被始終追逐著它的惡狼吞噬了。這告訴我們，詩歌和斯諾里的散文吸取了不同版本的傳說，試圖把它們整合成連貫統一的敘述。世界一片黑暗，只有騰躍的火焰帶來光明，終結就此來臨。

火山浩劫？

　　〈女先知的預言〉可追溯到 1000 年左右，那時人們已經在冰島定居很長時間。因此有人猜測，詩中描寫的諸神黃昏其實反映出冰島火山的噴發。在前面引用的這段詩歌裡，詩人勾勒的末日景象無疑全都可以被解讀為火山噴發的特徵──火焰升騰，火山灰遮雲蔽日，大地被火熱的岩漿淹沒，黑色熔岩遇到海水吱吱作響。

重生 ⊗

世界的終結時，海水湧上大地，流火如雨而下，諸神、人類和巨人盡皆滅亡，這和基督教傳說中末世論的特徵一樣。然而，並不是所有神話都有末日之說；許多神話體系都把時間和空間想像為循環不已，相信一旦腐朽的舊日世界被掃蕩乾淨，就會出現一個新的世界取而代之。雖然埃達詩歌使用 ragnarök 一詞，意思是「諸神的末日」，但斯諾里用了另一個稍有不同的詞彙 rökkr，意思是「日暮」或「微光」。因此，華格納認為英雄世界的終局應為「諸神黃昏」。Rökkr 不僅有「黃昏」的意思，也可以理解為「黎明前的晦昧」，它將帶來陽光燦爛的全新一天。

我們確實在詩歌傳說和斯諾里的敘述中看到末日之後將會出現嶄新的景象。在〈女先知的預言〉裡，女先知預見種種末日景象，也展望末日之後的情景：

她看到
大地再度從海中升起，一片青綠；
水瀑奔流而下，蒼鷹在上空翱翔，
掠過山巔，捕捉游魚。

阿薩神祇聚首在埃達平原，
說起了強大的大地之環（Earth-Girdler），
還有芬包爾提爾（Fimbultýr）古老的盧恩符文。

精美的黃金棋子

世界重生之後，一隻老鷹從瀑布邊飛過，搜尋著游魚。埃米爾‧多普勒 1905 年繪。

將會在原野之中重現，

那是他們在逝去的日子裡擁有的舊物。

────────────────────── 〈女先知的預言〉第 59-61 節

　　部分阿薩神族將會重返世間。令人驚奇的是，霍尼爾也在其列；過去他是許多重要場合陪在奧丁身邊神祕的第三人，現在也回來了。不知情的凶手霍德爾和被犧牲的死者巴德爾，也從冥界復生了（我們推測，這就是奧丁在火葬的柴堆上對死去的兒子耳語的祕密）。預言指出，一個嶄新的黃金時代將會來臨：人們無須收割，田野便會主動獻上莊稼；傷者無須治療，所有傷害都會痊癒；諸神在原野上找回象徵早先純真年代的黃金棋子。倖存者在巨大浩劫後生出恍如隔世之感，新的阿薩神族追憶著中庭巨蟒和奧丁為他們贏得的盧恩符文。

　　在舊世界裡，巨人瓦夫斯洛德尼爾和奧丁鬥智時，也曾預言災難之後的新生。他告訴焦慮的奧丁，有些人類將會存活下來，男的擁有祥瑞之名利弗（Líf，「生命」之意），女的則可能叫做利弗詩拉希爾（Lífþrasir，「生命的推動者」之意），因為他

們藏身在霍德密彌爾（Hoddmímir）的樹林裡——這可能是世界之樹，這棵大梣樹就長在密彌爾之泉旁邊。過去的太陽在被芬里爾吞噬前曾生了一個女兒，她將日日沿著母親的軌道運行。瓦夫斯洛德尼爾還道出新一代阿薩神族的姓名：為父親奧丁復仇的維達；為哥哥巴德爾復仇的瓦利；索爾的二子摩迪和瑪格尼將拿起父親的武器雷神之鎚。瓦夫斯洛德尼爾的預言和女先知的預言相比，似乎沒那麼樂觀：奧丁之子和索爾之子重返人間，意謂著舊日的生活方式將會去而復返，仇殺和暴力將再度出現。瓦夫斯洛德尼爾的預言毫無仇敵和解的跡象，而這正是〈女先知的預言〉所強調的。〈女先知的預言〉還提到，霍德爾和巴德爾兩兄弟曾經雙雙受到洛基的惡意陷害，如今他們化解了仇恨，重續兄弟情誼——這一點瓦夫斯洛德尼爾也不曾提及。

不過，就算是在女先知預言的新世界中，即便失去的黃金棋子奇蹟般重返，仍有跡象顯示無法避免的機制又開始運作了，下次重生的倒數計時正在滴答進行。霍尼爾在奧丁舊日的領地裡安家，隨即開始切削「占卜的木片」；命運的齒輪仍在運轉。女先知沉入迷夢之前，看到的最後一樣東西是惡龍尼格霍德，這隻曾經啃噬世界之樹的怪獸在天空翱翔，翅膀上掛著累累屍骸。這似乎是不祥之兆。有人推測，這個細節標示女先知回到「現在」；在預言行將結束之時，她看到的其實是目前的飛龍。還有人猜想，也許尼格霍德在新世界扮演一個積極的角色。牠之所以載著屍體，是想把它們運走，清除終極之戰所殘留的遺跡。可是，我們並沒有理由認為，新世界就不會重蹈覆轍。沒

耶靈石（The Jelling Stone），10 世紀丹麥畫像石，由哈拉爾藍牙國王（King Harald Bluetooth）委製。它以傳統符文風格描繪被釘死在十字架的基督。

一位新神？

〈女先知的預言〉有個版本是在 14 世紀早期所寫，多出一段描述世界重生後，新一代神祇搬入黃金屋頂的津利（Gimlé）宮發生的事情。

一位大能者來到諸神的議事廳，
他充滿力量，從天而降，一切都歸他掌管。

這位在重建後的諸神議事廳降臨的大能者到底是誰？他會不會就是耶穌呢？耶穌在最終審判歸來，宣布異教諸神氣數已盡，新的信仰將會成為正統？

有令人信服的理由讓我們認為邪惡和腐敗不會再度橫行（或許這次作祟的淵藪不再是洛基和他的巨人盟友），而諸神黃昏，黎明之前的黑暗，隨著年代循環，也將會一而再、再而三地降臨。

神話繼續 ◇

　　到了 14 世紀早期，「大能者」降臨此地接掌權柄時，冰島早已基督化了。然而，古代北歐的神話傳說仍能喚起人們的共鳴。在這時期出現了一些新的詩歌，它們融合神話傳說的元素，用傳統的形式講述了新的故事。有首 14 世紀的詩歌描述一位叫做斯韋普達格（Svipdagr）的年輕英雄，被惡毒的繼母詛咒，被迫向一名高不可攀的女子曼恩格洛德（Menglöð）求親。斯韋普達格先是拜謁了生母的墳墓，獲得一些防身的咒語和建議，然後前往曼恩格洛德的城堡。城堡的守衛是個充滿敵意的巨人，不肯放小夥子進門。兩人在門口對答良久，巨人要斯韋普達格必須完成任務才能進入城堡。然而，那些任務環環相扣，完全無法完成：他要完成第一個任務，必須先完成最後一項才行。這似乎是個必死之局，看門者解釋，除非他的名字恰巧是斯韋普達格！大門立刻為他敞開，英雄走進城堡，美麗的曼德格洛德抱住他，問他為何這麼久才來。

　　有些神話傳說被改編成民謠，依然留存在大眾的想像之中。雖然人們不再信奉奧丁和索爾了，但諸神和英雄仍然值得我們

去思考，他們的故事提醒我們，詩歌、智慧及勇氣，以及對抗邪惡、笑對死亡依然至關緊要。幾個世紀以來，冰島語變化不大，依然能讀懂傳奇和詩歌所保存的神話。17 世紀，《皇家手稿》經過編輯整理，譯成拉丁語；相關知識很快就在歐洲廣泛流傳。第一批英文譯本於 18 世紀出版（有些版本有荒謬的錯誤）。威廉・莫里斯和托爾金的作品讓北歐神話和傳說在英國廣為所知，格林兄弟（the Brothers Grimm）和華格納則將其推廣到德國。時至今日，即使基督教已經取代北歐神話和傳說在北歐人心中的地位，但藉由流行文化的興起，它們的人氣依然始終不墜：像是膾炙人口的電視影集《冰與火之歌：權力遊戲》（*Game of Thrones*），故事即是從持續威脅的凜冽長冬「芬包爾之冬」說起；還有在搖滾樂風中占有一席之地的維京「死亡金屬」（Death Metal）樂派；而另一部加拿大影集《維京傳奇》（*Vikings*）劇中的維京海盜英雄，就是我們在第五章曾講過的毛褲子拉格納。

延伸閱讀 ✧

本書討論的大部分神話的原始資料，都很容易找到英文譯本。

Snorri Sturluson, *Edda*, trans. Anthony Faulkes, 2nd edition (London, 2008) 包含《欺騙古魯菲》和其他神話故事。

The Poetic Edda, trans. Carolyne Larrington, 2nd edition (Oxford, 2014) 本書引用的詩歌都可以在這裡找到。

Saxo Grammaticus, *The History of the Danes*, ed. Hilda Ellis Davidson, trans. Peter Fisher (Cambridge, 1979).

其他有趣且具可讀性的北歐神話相關書籍包括：

Chris Abram, *Myths of the Pagan North: Gods of the Norsemen* (London and New York, 2011)

R. I. Page, *Norse Myths* (The Legendary Past) (London, 1990)

Heather O'Donoghue, *From Asgard to Valhalla: The Remarkable History of the Norse Myths* (London, 2007)

以下是學術但非常有趣的神話討論：

Margaret Clunies Ross, *Prolonged Echoes* Vol. 1 (Odense, 1994)

非常可讀的維京時代歷史紀錄：

Anders Winroth, *The Age of the Vikings* (Princeton, 2015)

學術性更高的著作：

Judith Jesch, *The Viking Diaspora* (London and New York, 2015)

斯堪地那維亞考古學及其與神話的關係，引人入勝的記述：
Anders Andrén, *Tracing Old Norse Cosmology: The World Tree, Middle Earth and the Sun in Archaeological Perspective* (Lund, 2014)

推薦另一本維京時代的考古學：
Neil Price, *The Viking Way: Religion and War in the Iron Age of Scandinavia*, 2nd edition (Oxford, 2016)

也有許多作家寫過北歐神話的兒童讀物，例如羅傑‧蘭斯林‧格林（Roger Lancelyn Green）和芭芭拉‧萊昂尼‧皮卡德（Barbara Leonie Picard）。其中最好的讀本是：
Kevin Crossley-Holland, *The Penguin Book of Norse Myths: Gods of the Vikings* (London, 1996)

以北歐神話為本的精彩系列小說──前兩本是青少年讀物，第三本適合年紀較大的成人讀者：
Joanne Harris, *Runemarks* (London, 2008)
Joanne Harris, *Runelight* (London, 2011)
Joanne Harris, *The Gospel of Loki* (London, 2014)

兩本以北歐英雄傳奇為本，適合青少年讀者的小說：
Melvin Burgess, *Bloodtide* (London, 1999)
Melvin Burgess, *Bloodsong* (London, 2005)

圖片出處　◇

以下按頁碼排列：

1 British Museum, London **2** Manx Museum, Isle of Man/Werner Forman Archive **6-7** Map by Martin Lubikowski, ML Design, London **8** Artwork by Drazen Tomic **12** Photo Fred Jones **13, 16** Árni Magnússon Institute for Icelandic Studies, Reykjavík **18** Photo Gernot Keller **21** Jamtli Historieland Östersund **22** from Olaus Magnus, *A Description of the Northern Peoples*, 1555 (Hakluyt Society) **23** Bjorn Grotting/Alamy **24** Gerda Henkel Foundation **25** Werner Forman Archive **26, 27**（左）Nationalmuseet, Copenhagen **27**（右）Statens Historiska Museet, Stockholm **32** Árni Magnússon Institute for Icelandic Studies, Reykjavík **34** from Olive Bray, *Sæmund's Edda*, 1908 (The Viking Club) **35** Interfoto/Alamy **39** National Museum of Art, Stockholm **42** Árni Magnússon Institute for Icelandic Studies, Reykjavík **43** from Abbie Farwell Brown, *In the Days of the Giants: A Book of Norse Tales*, 1902 (Houghton, Mifflin and Co.) **45, 47** Árni Magnússon Institute for Icelandic Studies, Reykjavík **48** from Martin Oldenbourg, *Walhall, die Götterwelt der Germanen*, 1905 (Berlin) **49** from Felix Dahn, *Walhall: Germanische Götter- und Heldensagen*, 1901 (Breitkopf und Härtel) **51** Private Collection **53** Árni Magnússon Institute for Icelandic Studies, Reykjavík **54** from Olive Bray, *Sæmund's Edda*, 1908 (The Viking Club) **55** Árni Magnússon Institute for Icelandic Studies, Reykjavík **57** Photo Blood of Ox **58** from Mary H. Foster, *Asgard Stories: Tales from Norse Mythology*, 1901 (Silver, Burdett and Company) **59** from Martin Oldenbourg, *Walhall, die Götterwelt der Germanen*, 1905 (Berlin) **65** rom Karl Gjellerup, *Den ældre Eddas Gudesange*, 1895 (Copenhagen) **66** Árni Magnússon Institute for Icelandic Studies, Reykjavík **68** Nationalmuseet, Copenhagen **70** Johnston (Frances Benjamin) Collection/Library of Congress, Washington, D.C. **72** Det Kongelige Bibliothek, Copenhagen **73** Árni Magnússon Institute for Icelandic Studies, Reykjavík **74** from Karl Gjellerup, *Den ældre Eddas Gudesange*, 1895 (Copenhagen) **75** Photo Carolyne Larrington **77** Photo Jan Taylor **80** from Abbie Farwell Brown, *In the Days of Giants: A Book of Norse Tales*, 1902 (Houghton, Mifflin and Co.) **81** Moesgaard Museum, Højbjerg/Dagli Orti/The Art Archive **82** from A. & E. Keary, *The Heroes of Asgard: Tales from Scandinavian Mythology*, 1891 (Macmillan) **87** Granger, NYC/ Alamy **88** Photo Tristram Brelstaff **93, 95** from Karl Gjellerup, *Den ældre Eddas Gudesange*, 1895 (Copenhagen) **96** from J. M. Stenersen & Co, *Snorre Sturlason - Heimskringla*, 1899 **97** from Wilhelm Wägner, *Nordisch-germanische Götter und*

圖片出處

Helden, 1882 (Leipzig) **103** from Vilhelm Grønbech, *Nordiske Myter og Sagn*, 1941 (Copenhagen) **104** from Olive Bray, *Sæmund's Edda*, 1908 (The Viking Club) **106** from Karl Gjellerup, *Den ældre Eddas Gudesange*, 1895 (Copenhagen) **108** from Richard Wagner, *The Rhinegold and the Valkyrie*, 1910 (Quarto) **109** from Rudolf Herzog, *Germaniens Götter*, 1919 (Leipzig) **110** Statens Historiska Museet, Stockholm **112** Árni Magnússon Institute for Icelandic Studies, Reykjavík **113** from Karl Gjellerup, *Den ældre Eddas Gudesange*, 1895 (Copenhagen) **114** Árni Magnússon Institute for Icelandic Studies, Reykjavík **117** Photo Researchers/Alamy **119** DeAgostini/SuperStock **120** Árni Magnússon Institute for Icelandic Studies, Reykjavík **121** from Viktor Rydberg, *Our Fathers' Godsaga*, 1911 (Berlin) **122** British Museum, London **125** from Abbie Farwell Brown, *In the Days of the Giants: A Book of Norse Tales*, 1902 (Houghton, Mifflin and Co.) **129** from Wilhelm Wägner, *Nordisch-germanische Götter und Helden*, 1882 (Leipzig) **130** from Harriet Taylor Treadwell and Margaret Free, *Reading-Literature Fourth Reader*, 1913 (Chicago) **137** from Padraic Colum, *The Children of Odin*, 1920 (Macmillan) **138** Árni Magnússon Institute for Icelandic Studies, Reykjavík **145** from Karl Gjellerup, *Den ældre Eddas Gudesange*, 1895 (Copenhagen) **147** from Martin Oldenbourg, *Walhall, die Götterwelt der Germanen*, 1905 (Berlin) **148** from Padraic Colum, *The Children of Odin*, 1920 (Macmillan) **151** from Felix Dahn, *Walhall: Germanische Götter- und Heldensagen*, 1901 (Breitkopf und Härtel) **152** Richard Wagner Museum, Bayreuth/Dagli Orti/The Art Archive **154** Statens Historiska Museet, Stockholm **157** Granger, NYC/Alamy **158, 159** Universitetets Oldsaksamling, Oslo/Werner Forman Archive **160** Illustration by Dr Dayanna Knight **161, 164** Photo Carolyne Larrington **167** from Richard Wagner, *Siegfried & the Twilight of the Gods*, 1911 (London) **171** Universitetets Oldsaksamling, Oslo/Werner Forman Archive **185** from Olaus Magnus, *A Description of the Northern Peoples*, 1555 (Hakluyt Society) **187** from Fredrik Sander, *Poetic Edda*, 1893 (Stockholm) **190** Yolanda Perera Sanchez/Alamy **192** Photo Gilwellian **193** Árni Magnússon Institute for Icelandic Studies, Reykjavík **197** British Museum, London **201** Photo Berig **208** from Olive Bray, *Sæmund's Edda*, 1908 (The Viking Club) **209** Det Kongelige Danske Kunstakademi, Copenhagen **211** Manchester Art Gallery/Bridgeman Images **217** Photo Gerry Millar **218** Nationalmuseum, Stockholm **222** from Olive Bray, *Sæmund's Edda*, 1908 (The Viking Club) **223** from H. A. Guerber, *Myths of the Norsemen from the Eddas and Sagas*, 1909 (London) **225** from Finnur Jónsson, *Goðafræði Norðmanna og Íslendinga eftir heimildum*, 1913 (Reykjavík) **227** from Martin Oldenbourg, *Walhall, die Götterwelt der Germanen*, 1905 (Berlin) **229** Photo Sven Nilsson

譯名對照 ✕

〈洛基的叫罵〉（*Loki's Quarrel*）

洛德爾（Lóðurr）

瑪格尼（Magni）

曼島（Man, Isle of）

築牆者（master-builder）

詩仙蜜酒（mead of poetry）

中土（Miðgarðr）

中庭巨蟒（Miðgarðs-serpent）

密彌爾（Mímir, Mímr）

密彌爾之泉（Mímir's Well）

雷神之鎚（Mjöllnir）

威廉・莫里斯（Morris, William）

南娜女神（Nanna, goddess）

那瑟斯（Nerthus）

《尼伯龍根之歌》
（*Nibelungenlied*）

惡龍尼德霍格（Níðhöggr,
dragon）

尼德烏德國王（Níðúðr, King）

海神尼奧爾德（Njörðr, god）

諾倫（norns）

神箭歐德爾（Oddr, Arrow-
Oddr）

奧丁（Óðinn）／沃坦（Wotan）

奧德爾（Óðr）

〈喪子哀歌〉（*Sonatorrek*）

奧克尼（Orkney）

奧賽伯格墓葬船（Oseberg ship）

歐特（Otr）

奧塔（Óttarr）

畫像石（picture-stones）

〈艾特禮之歌〉（*Poem of Atli*）

諸神黃昏（ragnarök）

毛褲子拉格納（Ragnarr loðbrók）

《拉格納傳奇》（*Ragnarr's Saga*）

拉姆松德石刻（Ramsund stone）

瀾（Rán）

松鼠拉塔托斯克（Ratatöskr,
squirrel）

雷金（Reginn）

里格（Rígr）

《里格的贊歌》（*Rígsþula*）

琳達（Rindr）

蘿絲昆娃（Röskva）

盧恩符文（runes）

《沃爾松傳奇》（*Saga of the
Völsungs*）

《因格林傳奇》（*Saga of the
Ynglings*）

薩克索・格拉瑪提庫斯（Saxo
Grammaticus）

〈女先知的預言〉（*The Seeress's
Prophecy*）

賽德（seiðr）

〈希格爾德的短詩〉（*Short Poem
About Sigurðr*）

西方四大神話 1
冰與火之北歐神話(二版)

The Norse Myths: A Guide to the Gods and Heroes

作　　　者	卡洛琳‧拉靈頓（Carolyne Larrington）
譯　　　者	管昕玥
封面設計	廖韡
版面設計	廖韡
內頁排版	藍天圖物宣字社
責任編輯	王辰元
協力編輯	簡淑媛
校　　　對	聞若婷

發 行 人	蘇拾平
總 編 輯	蘇拾平
副總編輯	王辰元
資深主編	夏于翔
主　　編	李明瑾
行銷企畫	廖倚萱
業務發行	王綬晨、邱紹溢、劉文雅

出　　版　　日出出版
　　　　　　新北市231新店區北新路三段207-3號5樓
　　　　　　電話：（02）8913-1005 傳真：（02）8913-1056

發　　行　　大雁出版基地
　　　　　　新北市231新店區北新路三段207-3號5樓
　　　　　　24小時傳真服務 （02）8913-1056
　　　　　　Email：andbooks@andbooks.com.tw
　　　　　　劃撥帳號：19983379　戶名：大雁文化事業股份有限公司

二版一刷　　2023年11月
定　　價　　430元
I S B N　　978-626-7382-20-2

冰與火之北歐神話／卡洛琳‧拉靈頓（Carolyne
Larrington）著；管昕玥譯. -- 二版. -- 臺北市：
日出出版：大雁文化發行, 2023.11
　　面；　　公分. --（西方四大神話；1）
譯自：The Norse Myths: A Guide to the Gods and Heroes
ISBN　978-626-7382-20-2（平裝）

1. 神話　2. 北歐

284.7　　　　　　　　　　　　　　　112018236

Published by arrangement with Thames & Hudson Ltd, London
through Big Apple Agency Inc.
The North Myths © 2017 Thames & Hudson Ltd, London
This edition first published in Taiwan in 2020 by Sunrise Press, Taipei
Taiwanese edition © 2023 Sunrise Press
本書譯稿由銀杏樹下（北京）圖書有限責任公司授權使用